政府和社会资本
合作模式概论

政府和社会资本合作模式实训系列教程

丛书主编 贾 康

ZHENGFU HE SHEHUI ZIBEN HEZUO MOSHI GAILUN

孙 洁 编

山西出版传媒集团　山西经济出版社

图书在版编目（CIP）数据

政府和社会资本合作模式概论／孙洁编．—太原：山西经济出版社，2016.7
政府和社会资本合作模式实训系列教程／贾康主编
ISBN 978-7-5577-0051-5

Ⅰ.①政… Ⅱ.①孙… Ⅲ.①政府投资-合作-社会资本-教材 Ⅳ.①F830.59②F014.39

中国版本图书馆 CIP 数据核字（2016）第 142456 号

政府和社会资本合作模式概论

编　　者：孙　洁
出 版 人：孙志勇
出版策划：葛志强
责任编辑：任　冰
助理编辑：熊汉宗
复　　审：李春梅
终　　审：张宝东
封面设计：陈　晓

出 版 者：山西出版传媒集团·山西经济出版社
地　　址：太原市建设南路 21 号
邮　　编：030012
电　　话：0351-4922133（市场部）
　　　　　0351-4922085（总编室）
E - mail：scb@sxjjcb.com（市场部）
　　　　　zbs@sxjjcb.com（总编室）
网　　址：www.sxjjcb.com

经 销 者：山西出版传媒集团·山西经济出版社
承 印 者：山西人民印刷有限责任公司

开　　本：787mm×1092mm　1/16
印　　张：12.75
字　　数：193 千字
版　　次：2016 年 7 月　第 1 版
印　　次：2016 年 7 月　第 1 次印刷
书　　号：ISBN 978-7-5577-0051-5
定　　价：31.80 元

序

贾 康

PPP 是英文 Public-Private-Partnership 的缩写,过去直译为"公私合作伙伴关系",其机制创新在近年于国内引起前所未有的高度重视,有关管理部门已将 PPP 意译为"政府与社会资本合作"(以下简称 PPP),成为文件中的规范用语。

关于 PPP 的基本概念和定义表述,学者还有见仁见智的争鸣,但基本共识已比较清楚,它所指的是在基础设施、公共工程与公共服务领域由政府与非政府主体合作共赢式的供给机制。具体的运作形式,包括 BOT(建设—运营—移交)、TOT(转让—运营—移交)、ROT(重整—运营—移交)、BT(建设—移交,即政府按揭式工程采购),以及 RC(区域特许经营,即连片开发),等等。虽然 PPP 的雏形可以上溯到几百年前欧洲就已出现的政府授予公路养护者的"特许经营权",但其在经济和社会生活实践中的大发展及其概念的明确化与大流行,还是上世纪后半期随着新公共管理运行的兴起,在发达经济体与新兴经济体的进一步创新发展中出现的。把原来已习惯地认为应由政府负责和兴办的架桥修路等公共工程以及医院、学校、航空港、垃圾和污水处理场等公共服务设施,改为与市场机制对接、吸引政府之外的企业和社会资本同政府在平等合作关系框架下一起办,其创新的特点显而易见。

从表征看,PPP 首先形成了投融资机制的创新,可以将大量非政府的民间资金、社会资本引入公共工程与服务领域,但其实它又决不仅仅限于投融资模式层面的创新,它还以风险共担、利益共享、绩效升级方面的鲜明性质形成了管理模式的创新,并天然对接混合所有制改革和法治化制度建设,具有国家和社会治理模式创新层面的重要意义。所以,应当恰如其分地和全面地理解与评价 PPP 这一制度供给的伟大创新:它是从投融资模式,到管理模式，再到治理模式贯通的新型制度供给，特别是对于在新历史起点上面对全面建成小康和现代化的"中国梦"目标，力行全面深化改革和全面依法治国的当代中国，PPP更具有不容忽视的重大现实意义，它至少将产生如下六大方面的正面效应：

第一，缓解面对城镇化、老龄化历史进程的财政支出压力，使政府更好地发挥作用。对于正在走向"伟大民族复兴"的中国，PPP的正面效应首先体现为：从政府主体角度看，减少财政支出的压力，提高财政资金总体使用绩效和政府履职能力。中国正处于快速发展的城镇化和迅速到来的人口老龄化过程中，未来几十年内将有约4亿农村居民要转入城镇定居，并将新增近2亿60岁以上人口的老龄医疗与生活服务供给需要，静态算账至少需60万亿元以上的公共工程投入，如作动态测算，这方面的投入将更是大得难以想象。政府再沿用"单打独斗"式思路去应对相关的城镇化、老龄化挑战，注定是没有出路的，但如能有效地调动业已雄厚起来的民间资金、社会资本，以与政府合作方式形成共同供给机制，将有效缓解上述财政支出压力。

第二，在公共服务供给中形成"1+1+1>3"的机制，使进入中等收入阶段的社会公众可持续地受益受惠。政府履职尽责和实现现代化战略目标，最终是"为人民服务"，使社会公众得实惠，并使这样的受益受惠可持续。从我国社会公众主体角度来看，在公共服务水平逐渐提升而确有受益的过程中，相关的问题亦不可回避、不能忽视：过去政府提供服务中存在的工程超概算、施工期拖长、质量出毛病、运行管理中服务不热情、不周到等等弊病，已与进入"中等收入阶段"后公众要求更美好生活的"公共服务升级"诉求形成了明显的反差，影响到社会生活的和谐和群众的"幸福感"。恰是PPP的机制创新带来了一种使政府、企业、专业机构于合作中形成"1+1+1>3"的公共服务绩效升级效应，因为这一合作机制，是将政府的规划与政策相对优势、企业的运行管理相对优势和专门机构的特定专业领域相对优势结合在一起，形成风险防范与处理能力的最优组合，来针对性地防控与化解项目中的相关风险。这就可望有效地克服过去司空见惯的那些弊端，可持续地使社会公众受益，从而提升公众的满意度、幸福感。这一点在实践案例中已有极好的体现，并将助益于跨越"中等收入陷阱"的全局性战略诉求的实现。

第三，为一大批作为市场主体的企业打开进一步生存、发展的空间，使

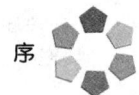

现代市场体系更为健全和成熟。在我国已经壮大并在资金力量日益雄厚起来的民间资金、社会资本持有主体中，一大批有强烈发展意愿、并在偏好类型上适合PPP的企业，会由此打开他们新的生存与发展空间，并形成在我国本土和实行"走出去"（如"一带一路"战略）之中许多的PPP项目上，境外社会资本的参与和多方合作互动，这对于发展健全我国的市场经济有积极的促进作用。应当强调，所有参与PPP的企业的基本动机与行为定位，仍然是"在商言商"，是以市场主体"投资取得回报"的模式，来形成其物质利益追求与"社会责任"的统一，但企业方面必须接受PPP"盈利但非暴利"的原则约束。所以客观地说，不是一切企业都适合于同政府合作参与PPP，比如风险投资、创业投资、天使投资类型的社会资本，偏好"快进快出"和"以敢冒高风险博取高回报"，通常不是PPP的适宜参与者。有意愿和政府合作锁定较长期虽不很高但"可接受"回报水平的市场主体，其实"大有人在"且资本规模可观。这些企业家偏好于较长期、甚至极长期可预期、可接受的投资回报，愿意通过参与PPP提高生活质量并获得发展其他事项（包括收藏爱好、文化活动和从事公益慈善等）所需的时间与闲暇，这是市场体系成熟、健全的表现，在中国特色社会主义市场经济的发展中也不例外。

第四，联结、对接意义重大的"混合所有制"改革，促进企业改革与全面改革的实质性深化。在中国现在特定的发展阶段上，PPP还有一项非常重要的、战略层面的制度创新意义：它直接呼应了十八届三中全会在现代国家治理、现代市场体系方面的要求，即混合所有制改革。中国现代市场体系建设面临的一项"攻坚克难"的改革任务是企业改革，包括使国有企业消除不当垄断和使非国有企业突破前后两个"三十六条"发布后仍未突破的"玻璃门""旋转门""弹簧门"，使国企、民企两方面都健康地"活起来"。在PPP的推行与发展中，恰恰可以通过其与"股份制—混合所有制"的天然贯通来实现这一目的，因为形成一个PPP项目在产权方面没有任何选择上的局限，是在法治环境下形成的多产权主体间的契约。最典型的即以SPV（special purpose vehicles）的形式组成特殊项目公司来运营PPP项目，公司内所有股权都有清晰归属，每一份标准化的股权属于明确的股东，认定以后不会产生无法处置的纠纷（少数纠纷可通过法律途径解决），大家可以在这样稳定的、可预期的法治环境下，实现利益回报的共赢。而且，SPV的股权结构，在天然具有混合所有制特征的同时,又天然地倾向于不使国有股权"一股独大",因为政府股权参与的动机是发挥"四两拨千斤"的乘数效应来拉动、引致民间资本大量跟进,乘数越大,相关政府工作的业绩评价会越好,因此社会资本、民营企业的股份在PPP中通常会成为股权结构里的"大头",甚至是绝大多数。显然,这方面的突破式发展,也将有效淡化贴标签式、吵得热闹但不会有结果的"国进民退还是民进国退"争论,深刻、长远地影响中国的现代化进程。

第五,促进"全面依法治国"的法治化建设,培育契约精神和催化专业、敬业的营商文明。PPP与十八届四中全会关于"全面依法治国""依法行政"的指导方针具有天然内在的契合,客观上必然要求加快法治建设、打造高标准法治化的营商环境。因为一个个PPP项目,都需要有可预期的法治保障使作为合作伙伴的企业产生对长期投资回报的确定性与认同感,否则是不会自愿签署合作协议的。政府方面的"强势"会在PPP实施中得到约束:不论政府在前期还有多少"主导性"和"特许权在手"的强势地位,一旦签约PPP,就要以与企业相同的"平等民事主体"身份依法定规范认定契约,并按照"法律面前人人平等"的原则遵守契约;假如政府违约,也要经由法律程序"公平正义"地加以校正和处理。这对于实质性地转变政府职能、优化政府行为和全面推进法治化,不啻是一种"倒逼"机制。PPP的发展,对法治、契约和上述所有这些营商文明的培育都将是一种催化剂,对于降低交易成本、鼓励长期行为和促进社会和谐进步,具有国家治理现代化和包容性发展层面的全局意义。

第六,有利于在认识、适应和引领"新常态"的当前与今后的一个阶段,对冲经济下行压力,优化支持经济社会发展后劲的选择性"聪明投资",增加有效供给。面对现阶段的经济下行,需要特别强调投资的作用。中国投资领域的关键问题不在于总量和增速,而在于结构、质量与综合绩效。走向经济新常态,迫切需要把握好有助于支撑全局的"聪明投资"。PPP所关联的投融资项目,都属于有利于调结构、惠民生、护生态、防风险、增绩效的选择性项目,又配合了促改革与稳增长,是利用混合所有制创新将"过剩产能"转化为有效产能(诸如钢铁、建材、施工机械与设备的制造等行业和领域),会形成一大批"聪明投资"对冲下行压力,以有效供给来增加长远发展后劲,

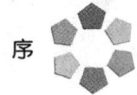

因此,它是在供给侧助益适应和引领"新常态"。

总之,PPP这一制度供给伟大创新的正面效应非常值得注重、发掘与期待。全面深化改革新时期,决策层和管理层对PPP的高度重视、明确要求及立法、示范、培训安排的紧锣密鼓,以及各界对PPP的高度关注和积极交流互动,已表现出这一制度供给伟大创新在中国将迎来前所未有的发展机遇。在我国《预算法》修订后,地方政府负债中部分存量的替代机制和今后部分增量的供给机制也都可以并需要与PPP机制创新对接;"新产业革命"时代中国"地方竞争"中"非梯度推移"地可匹配于东、中、西部的"连片开发"等创新事项,也会使PPP在中国实践中有望展示异乎寻常的亮色。本套PPP丛书的出版,正是期待于PPP方兴未艾的浪潮中给予相关部门、企业、人士一些可实用的参考,也欢迎各方批评指正。

当然,还应注意,鉴于PPP对法治化条件与专业化要素的高标准要求,PPP操作在实际生活中不可能一哄而起、一拥而上。但应强调:新时期迫切需要积极地消解畏难情绪和观望态度,引导与鼓励"实干兴邦""事在人为"的创新取向:把"想干事、会干事、干成事、不出事"的各界人士,以高水平长期规划和"亲兄弟明算账"的契约,结合成生龙活虎的PPP团队,在创业创新发展中打造无愧于时代的业绩。

目 录

1 政府和社会资本合作的背景与意义

1.1 新公共管理运动中的公共服务事项市场化改革 …………… 002
1.2 政府和社会资本合作的理论基础与发展 …………………… 005
1.3 政府和社会资本合作新制度供给在中国释放潜力的三大正面效应
　　…………………………………………………………………… 007
1.4 政府和社会资本合作与中国混合所有制改革创新的内在联通 …… 011
1.5 政府和社会资本合作与党的十八届四中全会全面"法治化"主题的贯通：
　　催化新时期 …………………………………………………… 014

2 政府和社会资本合作的概念、起源与职能

2.1 概念 …………………………………………………………… 019
2.2 起源 …………………………………………………………… 022
2.3 特征 …………………………………………………………… 029
2.4 功能 …………………………………………………………… 031
2.5 小结 …………………………………………………………… 034

3 政府和社会资本合作的类型

3.1 世界银行 ……………………………………………………… 035
3.2 亚洲开发银行 ………………………………………………… 035
3.3 韩国 …………………………………………………………… 037
3.4 英国 …………………………………………………………… 040
3.5 中国 …………………………………………………………… 043

4 政府和社会资本合作的管理机构

4.1 政府和社会资本合作管理机构的设立原因 ……………… 049
4.2 政府和社会资本合作管理机构的基本发展趋势 …………… 050
4.3 政府和社会资本合作管理机构的治理模式比较 …………… 052
4.4 中国政府和社会资本合作管理机构 ………………………… 056

5 附 录

附录1 国务院关于加强地方政府性债务管理的意见 ……………… 060
附录2 政府和社会资本合作项目政府采购管理办法 ……………… 069
附录3 PPP项目合同指南（试行）………………………………… 074
附录4 政府和社会资本合作模式操作指南 ………………………… 156
附录5 政府和社会资本合作项目财政承受能力论证指引 ………… 169
附录6 关于在公共服务领域推广政府和社会资本合作模式的指导意见
…………………………………………………………………… 175
附录7 关于推广运用政府和社会资本合作模式有关问题的通知 …… 183
附录8 关于进一步做好政府和社会资本合作项目示范工作的通知 …… 188

参考文献 …………………………………………………………… 192

1 政府和社会资本合作的背景与意义

PPP这一日益引起各方关注的重要概念，有关部门已将其意译为"政府和社会资本合作"，其实质是一种联通全社会内部公共部门、企业部门、专业组织和公众的准公共品优化供给制度。在新公共管理运动中有所发展后，PPP在理论与实践的互动结合中继续创新，正成为一种意义重大的新制度供给。从政府、公众、企业视角，都可以肯定其显著的正面效应，并且从中国全面改革中股份制——混合所有制——PPP的天然贯通和PPP对法治建设与契约精神培养的特定催化作用来看，PPP的意义就更具全局性和战略性。在充分肯定这一制度供给伟大创新的同时，也必须清醒认识PPP所带来的挑战与风险，力求扎实稳妥地向前推进。

实际上，PPP在欧美和世界上其他地区，也尚未达成一致的准确解释，其相关实践正在发展中（仅英文缩写的属于PPP的具体形式如BOT、TOT、BT等有十多种）。在汉语语境中，我们更需把其看作一个发展中的"敞口"概念，而且其在中国的实践很有可能在创新中贡献更为"丰富多彩"的PPP具体形式。但具体而言，现在完全可以认定的是，PPP是指政府公共部门与非政府的主体（企业、专业化机构等）合作，使非政府主体所掌握的资源参与提供公共工程等公共产品和服务，从而在实现政府公共部门职能的同时，也为民营部门带来利益。（贾康、孙洁，2009）PPP这种合作和管理模式可以实现在不排除并适当满足私人部门投资营利目标的同时，为社会更有效率地提供公共产品和服务，以及使有限资源发挥更大的效用。目前，人们对PPP的相关认识已经和正在继续实现多维度深化，包括PPP的概念、起源、理论、模式和实践等。伴随近年拉开PPP在我国实践应用中高速发展序幕，我们也可以确切地认定：PPP为人类经济社会的发展带来了制度供给的伟大创新。

PPP可以说源自新公共管理运动中公共服务的市场化取向改革。"交易费用理论"和"委托—代理理论"等实际成为推动这一改革实践的理论力量,并随着PPP的广泛应用和不断深化而在理论层面清晰地呈现出政府市场从分工、替代走向合作的基本脉络及升级趋势。因此,回归于中国经济实践中来,我们有理由强调,关于PPP的认识不应仅仅停留在一个新融资模式的层面,它还是管理模式和社会治理机制的创新。如果掌握得当,PPP有望形成解决我国城镇化、老龄化等重大问题的助益机制,并通过股份制为主的形式与我国今后阶段大力推进的混合所有制改革创新,形成天然的机制性内洽与联通。当然,PPP作为制度供给的一个伟大创新,其顺利运行和长久发展,特别需要强调现代文明演进中的法治建设和契约精神建设的相辅相成。

1.1 新公共管理运动中的公共服务事项市场化改革

从公共经济学和公共管理学角度来看,学界至今对"新公共管理"的界定仍存在分歧,但无论是侧重在新理论、新模式抑或新运动,新公共管理浪潮作为事实都无可争议。在此运动的推进浪潮中,英国、澳大利亚、新西兰、法国、美国、日本等国家进行了较为全面和颇具新意的改革,为公共经济和公共管理范畴内的制度变革带来新气象。尽管PPP的起源最早可追溯至英国收费公路的诞生(贾康、孙洁,2009),但其在现代意义上的形成和发展,应可主要归于新公共管理运动中以引入私人部门积极参与为核心内容的公共服务供给的市场化改革。

英国公共服务改革的主要内容可简要概括为从合同外包到"市场测试"。源自第二次世界大战之后五六十年代"福利国家"建设和企业国有化运动所带来的财政危机,撒切尔政府为应对压力实行机制创新,在公共服务改革中采用了合同外包(contract out)方式,将非必须公共部门经营的服务都通过合同外包交由私人企业来提供。这一方式主要包括两方面内容:第一,公共服务提供的责任并未转移,仍然属于政府,但政府只保留制定政策、管理合同和履行资金支付承诺的职能,其他事宜则通过合同转由私人部门承包提供;第二,政府一方面要对外包的公共服务进行目标监督,另一方面也要为私人部门提供需匹配的政策优惠和支持。1991年梅杰接任首相后,发起了"公民宪章运动"和"竞争求质量运动"。作为合同外包模式的发展和深化,在"竞争求质量运动"过程中,"市场测试(Marketing Testing)"方法的应用得以兴起,实质上是一种通过引入政府与私人部门服务提供者之间的竞争,来对公共服务进行分类处理的方法,要求所有公共服务都要通过"市场测试"来决定最终应由政府部门(in-house)还是私人部门来提供,判断标准就是谁能用更少的投入提供更好的服务。英国公共服务事项的市场化改革,主要涉及公共住房、矿产、航空、电信、医疗等行业。在新公共管理运动将私人部门引入公共服务领域的基础上,1992年,时任英国财政大臣的拉蒙特提出私人融资计划(Private Financing Initiative,PFI)模式,迈出在公共服务领域引入市场化竞争后深化推动政府与私营部门合作的重要一步,并于1997年在全社会公共基础设施领域较全面地推广。

与英国类似,澳大利亚也选用合同外包方式来引入私人部门的力量提供公共服务。新西兰亦致力于把市场竞争引入公共服务事项供给,实现公共服务的出资人、提供人和购买人的角色分离:政府负责决策和管理,公共服务事项则由私营部门、第三部门或基层政府组织的竞争来提供,通过合同外包的方式出让其经营运作舞台。

法国公共服务改革的三个层次:第一,施行权力下放,一直放权到最基层;第二,推进公共服务的社会化运作;第三,国有企业私有化(股份制)改造。在公共服务的社会化运作方面出现的最典型案例之一,就是法国巴黎著名地标埃菲尔铁塔的建造和运营。此塔20世纪80年代是归巴黎市政府所有的,但市政府以公共服务委托的方式,将铁塔的维护和经营开发权委托于埃菲尔铁塔开发公司的合资公司,政府在该公司中占60%的股份。实际上往前追溯,埃菲尔铁塔的建造本身就是一个极好的PPP案例。1889年法国大革命100周年纪念时,法国政府决定建造一座象征法国革命和巴黎新风貌的纪念碑式建筑物,设计者亚历山大·居斯塔夫·埃菲尔(Alexander Gustave Eiffei)的方案中标,但是由于造价过高,法国政府提供的资金不足全部费用的五分之一,最终是通过与埃菲尔的工程公司合作,接受了其在160万美元总预算中高达130万美元的投入,从而实现了埃菲尔铁塔的建造,也因此同意将埃菲尔铁塔运营后开始20年的各项收入归埃菲尔个人所有,20年后铁塔的所有权才移交巴黎市政府。

美国公共服务改革的模式则更加多样化,主要有四种:第一,公私合作,即我们所强调的 PPP，通过政府公共部门与民营部门的合作来实现非公共部门利用所掌握资源参与提供公共产品和服务的模式。第二，付费购买制度，即对垃圾处理、污水处理、公园管理、住宅区服务等类型的公共产品实行收费购买供给的制度。第三，凭单（服务券）制度，即政府向公众发放公共产品或服务的消费券，公众则以手中的消费券自行选择公共物品或服务的提供者，提供者再拿着凭单到政府兑换成资金。第四，与英国等类似，通过合同外包的模式来实现公共服务，不再赘述。

PPP 的具体形式之一 BOT（build-operate-transfer，即建设—经营—转让），是指政府通过契约授予私营企业（包括外国企业）以一定期限的特许专营权，许可其融资建设和经营特定的公用基础设施，并准许其通过向用户收取费用或出售产品以清偿贷款，回收投资并赚取利润；特许权期限届满时，该基础设施无偿移交给政府。（贾康等，2014）土耳其被认为是世界上首个将 BOT 这一名称确定下来并写入法律的国家。尽管对 BOT 的首例目前还存在一定争议（有观点认为是 1965 年香港政府修建海底隧道的案例，也有观点认为是土耳其修建燃煤火力发电厂的案例），但是这并不影响我们对在世界范围内新公共管理运动影响下，土耳其 1984 年发起的明确称为 BOT 的创新模式的肯定与赞赏。早在 20 世纪 70 年代后期，土耳其就已经开始注意 BOT 这种创新的投资方式，并在当时总理扎尔的领导下尝试利用此模式筹建阿科伊核电厂，预设由承包商和土耳其政府所属电力管理局组成的企业筹资和建设核电厂，并拥有和运营该电厂 15 年，15 年后移交土耳其政府，但最终由于项目投标人与政府的谈判始终未能达成而流产。1984—1987 年间，土耳其政府利用与柏可德国际财团的公私合作而建成多座大型燃煤火力发电厂，终于实现了 BOT 模式在土耳其的首次成功运用。

中国当下的 PPP 机制创新方兴未艾，各方已意识到其存在巨大广阔的前景。除了 BOT、TOT、BT 等一二十个英文缩略语表示的 PPP 具体形式之外，中国实践中前沿状态的 PPP 创新可观察近年风生水起的"连片开发"。党的十八届三中全会提出要让市场在资源配置过程中发挥"决定性"作用以来，PPP 模式受到国务院领导和各级政府部门的高度重视，实已成为落实国家战略的重要工具之一，并成为"全面改革"的重要组成部分。财政部部长楼继伟指出，在当前创新城镇化投融资体制、着力化解地方融资平台债务风险、积极推动企业"走出去"的背景下,推广使用 PPP 模式,不仅是一次微观层面的操作方式升级,更是一次宏观层面的体制机制变革,可谓一语中的。

1.2 政府和社会资本合作的理论基础与发展

在新公共管理改革实践的基础上,我们可观察到,公共服务事项市场化改革中 PPP 的相关理论实已经历"到实践中去"和"从实践中来"两个阶段的变迁。

1.2.1 到实践中去:公共服务市场化改革的理论支持

20 世纪 70 年代前后,经济学理论发展中凸显了以科斯为代表的新制度经济学派,交易费用理论的产生和产权理论的深化发展对公共服务领域改革产生了重要影响。我们可以认为,新制度经济学所指向的制度改革,与技术变革相比,是试图从制度的层面解决经济效率的问题,不同点在于,技术变革所反映的,直观上是人与物之间的关系,而制度改革则直接地反映人与人之间的关系。以英国为例,在经历 20 世纪三四十年代后的福利国家和 70 年代的国有化改革后,整个社会运行交易费用高而运行绩效低的矛盾,直接导致英国政府债台高筑。按照新制度经济学的理念,制度实际上可以被看作是一种特殊的公共品,提供者是政府,而改善制度这种公共品的供给,必须且有效的途径就是改革。撒切尔政府一方面在以哈耶克为代表的新自由主义影响下,有非常明确的市场化改革方向,另一方面遵循新制度经济学所强调的交易成本分析,致力于降低整个社会制度的交易成本。开启公共服务市场化改革的 PPP,可认为是在交易费用理论的影响下,随着公共服务供给的市场化改革而得以广泛发展的。

公共服务市场化改革的另一理论支柱,是委托—代理理论,即研究委托人和代理人之间所建立的契约关系等的理论。由于委托人和代理人之间存在实际上的信息不对称,委托人无法总对代理人所有行为的细节全盘掌控,而代理人在利益驱动下会更有可能实行机会主义行为来追求利益最大化,所以,即便通过签订合同条款等方式形成相对稳固的委托—代理关系,其运行过程中也可能面临许多问题,因而对委托人和代理人之间关系的研究就显得更加重要。PPP 模式往往包含多重契约关系,如果说"交易费用理论"是从宏观上指导了 PPP 实践的起点切入,那么"委托—代理理论"则一方面促使 PPP

这种以委托—代理为核心的模式成为更广泛的现实，另一方面也为 PPP 的管理和运行提供了理论基础。比较而言，"委托—代理理论"所研究的范畴显然往往是较为微观的层面，但其实质上仍然是在通过研究委托人和代理人之间关系而研究制度运行过程中的问题，或者说，我们可以认为其是在通过研究和解决委托—代理契约关系中可能产生的问题，而达到降低交易费用和制度运行费用的效果，实际上与"交易费用理论"一脉相通。

基于此，可以再来看一下我国 PPP 的产生和发展。在改革开放后的 20 世纪 80 年代，我国就已经出现 PPP，其作为一种模式登上改革历史舞台可说与我国城镇化、市场化、国际化步伐加快密不可分。城镇化过程涵盖了包罗万象的基础设施、公共工程升级换代的要求，对于仍处于"转轨"过程中的我国政府，无疑产生了巨大的财政压力，这种现实生活中的财政压力如果上升到理论层面，实际上又包含制度运行成本过高的问题，而市场取向改革和对外开放，恰恰提供了运用市场机制和借助国际经验与国内外资金降低交易费用与综合成本的可能。据此展望，随着我国城镇化、市场化进程继续推进，全面开放条件下和理论创新指导下服务实践的 PPP，势必会迎来更大和更广泛的发展空间。

1.2.2 从实践中来：从替代到合作构建新型关系的理论创新

一方面，理论给予 PPP 产生和实施的引领；另一方面，PPP 的产生和发展也为理论带来新思路和新境界。这种新思路如果归纳成一句话，就是 PPP 开启了政府与市场从替代到合作的新型关系的理性认识空间（贾康、冯俏彬，2012）。

传统相关理论思维的逻辑特征总体而言是板块状的、单向的，即在市场、政府、志愿者部门三者之间，呈现出一种基于"失灵"而依序继起、替代与被替代的关系。历史地看，这种重在突出某种机制失灵的理论，有利于打破对于这种机制的迷信，从而为另一种机制的导入开路（如从"看不见的手"到"国家干预"），客观上有其积极与进步的一面。但是，"替代"的另一面则是容易滑入冲突和互不兼容的绝对化，比如关于政府与市场的紧张对立关系，不仅在我国改革开放以来的多次激烈论辩中可见，而且其分量之重，仍体现在被党的十八大称为两者关系的正确处理是改革的核心问题；在发达国家，即使时至今日，仍然有大量讨论政府与市场冲突的文献。

这种"让政府的归政府，让市场的归市场"式的思维框架，首先需充分肯定其为中国的经济社会改革开放带来了极大的正面效应，但我们还需要进一步指出，其在新阶段上已不足以为现实生活中广泛存在的公共产品提供中的"公私合作"创新实践来提供理论支持，也无法涵盖在西方国家出现的"第三部门"和志愿者组织大量介入公共服务领域的现实。实际生活中，迫切需要对20世纪后半期以来三者之间"合作"蓬勃生长的基本事实进行解说和理论诠释。对我国而言，这种基于"失灵"而"替代"的单向思维，往往更是强化了各方对于二者之间冲突的认识，以至于只要出现市场机制运行不畅的现象，下意识的对策就是政府介入、干预甚至代替；反过来，一旦政府运转出了问题，顺理成章的就是放弃政府责任导向而"交还于市场"的所谓市场化。我们如果结合前沿性事件进展，对真实世界的政府、市场、志愿部门关系进行观察，其实不难发现三者的合作已成为不可回避的历史进步命题。不可否认，在某些特定的历史时期和某些特定的情境下，它们中的某一个曾居于显眼的、甚至对另两个主体产生过相当程度"挤出"的主导地位，但仔细考察一下"全球化"时代与"和平发展"时代的总体状况，就会发现它们始终同时存在，各自在不同的领域内发挥着功用，而愈益有必要、也有可能在更多的领域实现更多的合作。整个人类社会正是在三者的共同参与之下，走过了历史，经历着现在，也通向未来，并随着近几十年来纯公共产品与纯私人产品之间大量的中间状态联结部分——准公共品和俱乐部产品、权益—伦理型公共品等不断发生着多样化的升级发展而愈益呈现相互渗透融合，即汇入合作共赢的历史潮流。因此，PPP这一"前沿概念创新"，实际上呼唤出了更清晰、更现代化的理论思维框架，而这种思维框架落到运行的实处，就表现出实际生活中相关思路日益明确的制度供给创新。

1.3 政府和社会资本合作新制度供给在中国释放潜力的三大正面效应

在我国经济实践层面，PPP模式打破了过去认为只能由政府运用财政资金来做的一些公共基础设施、公共工程、公共服务项目的传统认识框架，且在转变为由非政府的企业主体、民间资本、社会资金通过形成特许权管理机制而提供有效供给在此模式下更快、更充分、更有质量、更具绩效水平地实现对社会公共需要的满足。近期的观察更表明，作为一种创新的制度供给，PPP应有可能切实有效地解决我国新型城镇化和老龄化过程中面临的巨大财政压力，缓解地方政府债务危机，而且在贯彻"五位一体"取向的全面改革与科学发展、全面推进依法治国的总体战略中，PPP概念下的机制创新是十分重要的组成部分，可以产生宝贵的正面效应，首先突出表现在以下三大方面。

1.3.1 政府和社会资本合作的正面效应之一：政府视角

从政府角度看PPP的可能贡献，首先便是降低未来长时期内的财政支出压力。政府职责如何合理定位，已在我国改革开放新时期的几十年中反复讨论，大家都同意政府要做好自己应做之事这一原则。但具体考察一下，当下在充分尊重市场资源配置决定性作用的基础上，摆在政府面前的应做之事仍然千头万绪。择其要者，至少要说到未来几十年间如何推进新型城镇化和如何应对人口老龄化支出压力这两件大事。

推进新型城镇化是中国走向现代化民族复兴"中国梦"的必由之路，未来几十年间，在城镇化实际水平从目前的40%（官方统计达50%以上的数据，是把进城居住半年以上的常驻人口统统视作完成了城镇化，但其中还有两亿多人并未取得"基本公共服务均等化"的市民待遇，若要配之以此等待遇还需写进城镇化概念下的进一步的投入）左右一路走到70%左右高水平，之后才会转入相对平稳发展期。在此过程中，未来30余年还将约有4亿人要从农村区域转入城镇成为常驻人口（算术平均一年1300万人以上）。别的不说，仅看进城人口所需的"市民化"待遇，必须得到基本公共服务均等化有效供给的支持和保障，那么静态计算所需的投入资金量，如果按照一人平均10万元，就是40万亿元，若这一标准提升至一人平均15万元，那就是60万亿元。如此天文数字的投入，仅靠政府包揽来做，肯定力不从心。必须打定主意，使道路、桥梁、隧道、涵洞、上下水、供电、供热、供气、医院、学校、绿化等公共品、准公共品的供给，得到已壮大、雄厚起来的民间资本和社会资金的加入，才有望以必要投入支撑这个几十年间的发展过程可持续。客观地看，实际生活中这方面的压力已使地方政府这些年的隐性负债大增，需要积极考虑在地方债增量、存量两方面，由民间资本、社会资金来有效置换和替代。

再就是我国人口老龄化的进程，必将在未来几十年内，要求有大量的公

政府和社会资本合作的背景与意义

共资源投入，以满足养老、医疗服务的客观需求。根据学者测算，人口老龄化对于中国整个养老体系形成公共支出压力的高峰，约出现于2030—2033年间，从现在算起，已不到20年的时间。在高峰期出现以后，这种压力的缓慢下降还要有几十年的过程。要看到在这个很长的历史阶段之内，中国养老体系从硬件到服务所有的投入，必然发生一系列的要求，如果不适应这样一个历史阶段来考虑制度和机制方面的预先准备，那么政府履职将是不合格的。必须有这样的战略考虑，即要运用PPP模式创新来鼓励、引导大量民间资本与社会资金进入养老事业和产业。

总之，PPP对于政府来说，是必须积极运用来推进现代治理中化解财政压力、债务压力和充分尽责地实施和谐社会管理、贯彻"中国梦"发展战略的机制创新。

1.3.2 政府和社会资本合作的正面效应之二：公众视角

第二个角度就是公众可能从PPP中的获益，如从政府的存在理由是服务公众而言，这是更为本质化的正面效应。特别需要考虑的是，中国现在进入了"中等收入阶段"，而在此阶段，公众对于美好生活向往的空间极大地被激发出来以后，对公共服务的需求是倍增的。应该讲，自己跟自己比，中国社会中绝大多数人都是越来越好，但是"满意度"却并没随之同步上升。所谓"幸福感"没有提高上来，甚至不升反降，往往更带有以焦虑、纠结为特点的情绪、心理感受与社会氛围。其实拿世界上所有经济体比照下来，中等收入阶段都有这样的特点。这个挑战的应对要求，就是公众正在需要更好的公共服务，迫切要求得到能够更好地满足他们对美好生活愿望的"有效供给"。PPP可以在政府继续发挥供给作用的同时，把其他非政府的社会力量（企业、社会组织的，还可以包括非营利机构、专业机构、志愿者组织等所有力量）结合在一起，不仅壮大了资金力量，而且可以在运营管理上、绩效提升上优势互补，各方以自身最有优势的特长，去管理最适合于由自己防控的风险，这样可以使公共工程、公共服务在建设和以后运营过程中的质量水平、绩效水平、管理水平得到明显提升，而风险则最小化，公众的实惠也就趋向于最大化。

PPP机制能把多方参与的相对优势结合在一起：第一，政府相对优势是全局眼光，在规划设计方面和政策方面的组织力、保障力。这方面关于PPP

项目的长期的通盘考虑和组织能力的发挥，主要交由政府。第二，企业具有在管理方面"内生的"天然优势，会特别注重自己参与进来以后怎样能够取得投资回报。企业的定位不是在简单地"学雷锋"，而是要完成自己的投资回报，PPP 具有给予企业这种取得长期稳定回报的可能性。第三，适合于这种合作的可能、有这种长期投资偏好的民间资本，自然而然地就会考虑加入到这样的项目上来。他们加入后的相对优势是管理知识、专业知识，以及从其"内生的"对于绩效的关注而产生的管理精细化和效率化；还有就是其他各种专业机构、群体，如律师事务所、会计师事务所、设计师事务所等。所有这些管理方面的相对优势，具体涉及每个行业和领域，不论是桥梁建设、道路建设，还是养老社区等的建设，所有上述这些主体，可把他们的相对优势综合在 PPP 的模式中，将带给公众一个更有效的供给机制。这种多方合作的 PPP 形式，会使老百姓的愿望得到更好的满足，而且是在更高的绩效水平、更优的服务状态下提供出有效供给来使他们的愿望得到满足。这对于增进社会和谐，提升公众"幸福感"，顺利跨越"中等收入陷阱"阶段而迈入高收入经济体行列，实现现代化"中国梦"愿景所代表的全社会成员根本、长远利益，具有莫大的现实意义。

1.3.3 政府和社会资本合作的正面效应之三：企业视角

还有第三个角度，即可从企业角度作考察。在中国已得到很大发展、资金力量越来越雄厚、日益强化发展意愿的企业中，有一大批可望在 PPP 的模式之下打开一个新的发展空间。PPP 项目并不适合有风投、创投偏好的民间资金类型，但适合一些偏好于取得长期、虽不太高但预期性高的稳定回报的企业，它们在现实生活中为数可观，将更好地在市场经济的舞台上通过 PPP 找到适合自己生存发展的空间。这种共赢、多赢的机制，从决策层到财政部门，再到地方政府层面已有的一些试验中的相关各方，大家在总体上已越来越认同。从中国和外部世界的互动中，中国继续全面开放，在工业化、城镇化、市场化、全球化、信息化潮流汇合而进一步"大踏步地跟上时代"的过程中，以 PPP 形成中外所有一切有意愿合作的企业力量与政府间的互动与有效合作，我们也已看到了广阔前景。

1.4 政府和社会资本合作与中国混合所有制改革创新的内在联通

在前述的三个角度、三种正面效应之后,我们透过 PPP 在新型城镇化和老龄化中不仅仅停留于作为新融资模式层面的作用,继续向深处考察,不难发现,PPP 在全局意义上,恰可呼应党的十八届三中全会精神,实现与我国现阶段混合所有制改革创新的联通,从而大有作为地帮助形成现代国家治理的系统化机制,这也使之当之无愧地成为制度供给的一项伟大创新。

1.4.1 对混合所有制的基本认识

"混合所有制"中的"所有制",指的是生产资料所有制这个层面的含义,反映生产过程中人与人在生产资料占有方面的经济关系。"混合所有制"是"所有制"的一种,但其生产资料所有权并不单一归属于某一类特定个人或群体,其最基本的特征决非简单的"多种经济成分并存",而是在于出现"公"的与"私"的、"国"的与"非国"的所有权在一个市场主体内的混合(否则,这一称呼就会丧失其存在的必要性)。若"混合所有制"在某种社会形态下存在,则其在该社会形态下的所有制结构中必有不同于其他类别的一席之地。"混合"一词的字面意思就是"混在一起",但也应可从两方面进行认识,是否实现了混合?混合到怎样的程度?对是否实现混合的判断有助于认识究竟是否可定性为"混合"的所有制,而对混合程度的判断则有助于理解是否需要将"混合所有制"继续发展、推进。

因此,"混合所有制"要求的是不同所有权主体在一个企业体内真正实现"混在一起",决不是在某种社会形态中互为外体、他体的简单共存,是在某种社会生产关系具体形态下实现对生产资料的混同占有,可认为即是不同所有权主体实现对某一企业的生产资料既各自清晰又共同占有的所有制形式。

1.4.2 混合所有制与股份制的联通

基于以上对混合所有制的基本认识,更可知我国改革当下所强调的混合所有制,并非改革开放前期业已解决的多种经济成分简单并存或联合,亦非产权混合即可实现的改革意图,其具体到企业产权框架层面,实际上就是指过去已在中国改革进程中获得充分肯定的"现代企业制度"的标准化形式——股份制。党的十八届三中全会强调混合所有制是我国"基本经济制度的重要实现形式",其战略高度的意图,是在法治保证的现代股份制这一制度形式下,可以使公有的、非公有的产权,融合到分散存在的市场主体——一个个企业的内部产权结构里面去,以寻求相关利益主体的共赢和进一步打开"解放生产力"的空间。

马克思在有生之年,已敏锐地意识到股份制的特异影响和对社会发展的可能贡献,认为"资本主义的股份企业,也和合作工厂一样,应当被看作是由资本主义生产方式转化为联合的生产方式的过渡形式,只不过在前者那里,对立是消极地扬弃的,而在后者那里,对立是积极地扬弃的"。不论对于马克思的"消极扬弃"评价做出何种研究的分析解读,基本逻辑指向至少具有"形式"和"过渡"方向上的肯定,余下的便是如何使形式与内容相合的问题。(贾康、苏京春,2014)任何理论观点的提出都带有时代特征与客观局限,马克思对股份制的认识提出于100多年前,但在当时社会制度和经济发展背景下,股份制所具有的哪怕是带有"消极扬弃"意味的"社会资本"特征,已为马克思带来了思维灵感。面对这其后100余年的历史进程,结合"实事求是""与时俱进"的原则,我们完全可以沿马克思的思维逻辑深化认识。100多年以来,股份制下的市场主体(即股份公司)已经发生了非凡变化。除了早已较普遍地存在本企业员工、产业工人持股和社会上的普遍劳动者、公共机构在股份制企业中持股以外,"国家"各特定层级的政府也可持股并酌情作增持、减持的操作,而对宏观经济运行和社会生活产生重要的正面效应。发达国家的市场主体(公司)在达到一定规范程度后可以上市,而上市这一环节在英文中是叫 go public(走向公共),决非"私"的取向。无论是股份制中的公共机构持股,还是公司最终走向上市,开启作为"公众公司"公共地募集资金的模式,都表明着即使是称为资本主义制度下的市场主体,也已经呈现内部产权结构多元化而超越简单私有的特征——社会化大生产中的上市公司,亦称公共公司,不仅其持股人在很大程度上是"公共"的,而且其经营状况要接受全社会的公共监督,财务要有充分的透明度,公司发展和社会公众利益实现了更有效的互动与结合。例如:通用汽车公司和通用电气公司作为世界上非常有名的标杆式大公司("跨国公司"),早在20个世纪,股权已高度分散,很难说这类公司具体归属于哪个资本家,为数众多的持股人包括机构投资者、本企业的员工、其他企业的产业工人和大量社会上的普通劳动者。

股份制使资本的社会化特征不断提高，已在明显地缓解着生产社会化与生产资料私人占有之间的矛盾，有利于生产力的发展。如果说在"资本主义"名号下的这种混合所有制已在发生扬弃"私有"不适应社会化大生产发展的制约因素的积极作用，我们应如实地认识这种变化，那么把股份制下"以混合所有制"为取向的发展变化，与马克思主义的中国实践紧密结合，更没有丝毫道理对股份制加上"姓社姓资"的诘难，更应淡化股份制框架下"姓公姓私"的标签，更应肯定中国大地上近年来"积极扬弃"式的不断尝试和探索——而这也同时意味着在中国今后几十年联结伟大民族复兴"中国梦"的改革发展过程中，混合所有制取向的股份制深化改革空间，一定会冲破前后"三十六条"都还未能有效冲破的民营企业发展的"玻璃门""旋转门""弹簧门"，淡化争议不休，很容易走向贴"姓社姓资"标签但不可能取得共识结果的"国进民退"还是"国退民进"的纠结，打开"进一步解放生产力，发展生产力"的潜在空间，长远而深刻地影响我国现代化进程。

1.4.3 股份制—"混合所有制—PPP"的天然贯通及其全局性贡献

十八届三中全会全面改革部署中，最重要的涉及几个关键概念的逻辑链接就是：首先，确立"现代国家治理"理念，即明确按照现代国家要求来治理、发展中国，提升国家治理体系和治理能力的现代化水平；其次，治理水平的"现代化"联通着"构建现代市场体系"和突破性地提出"使市场在资源配置中发挥决定性作用"；再次，市场配置的"决定性"作用的充分发挥，被落实到一个非常关键的表述上，就是关于市场经济运行的基石——产权制度上的改革，主要推进明确表述的"混合所有制"，以股份制这种现代企业制度的标准化代表形式，其容纳力和包容性完全可以是把"国"的、"非国"的、"公"的、"非公"的所有产权充分混合在一个个企业内部，从而以一个共赢的方式，在法治框架下无阻碍地实现相互合作与潜力释放，而PPP模式恰恰与之贯通。

一个PPP项目在产权方面没有任何选择上的局限，是一个在法治环境下形成的多产权主体间的契约。最典型的即以SPV（special purpose vehicles）的形式组成特殊项目公司来运营PPP项目，公司内所有股权都有清晰归属，每一份标准化的股权属于其中的明确的股东，认定以后不会产生无法处置的纠纷（少数纠纷可通过法律途径解决），大家可以在这样稳定的可预期的法治化环境下，来追求在共赢中目标利益回报的实现。而且，SPV 的股权结构，在天然具有混合所有制特征的同时，又天然地倾向于不使国有权"一股独大"，因为政府股权参与的强烈动机是发挥"四两拨千斤"的乘数效应来拉动、引致民间资本大量跟进，乘数越大，相关政府工作的业绩评价会越好，社会资本、民营企业在 PPP 中，通常会成为股权结构中的"大头"，甚至是绝大多数。

因此，PPP 这一创新的制度供给，又成为中国走向现代化的全面改革中，发展混合所有制以解放生产力的战略性选择。PPP 模式的定位，也应从一开始着眼的满足融资需要提升到制度供给创新的需要。如果仅停留在融资层面，目的上会很功利、很短期地停留在缓解政府资金压力的层面，待政府感觉压力不大的时候，就很可能又回过头来摆脱民间资本。比如，前些年一些地方政府曾特别欢迎市政建设里民间资本的加入，但听到"四万亿"投资刺激方案后，对民间资本的态度马上就"变脸"。这是视野未达全局、未能领会改革实质内容的一种具体表现。实际上，民间资本的加入不但可以缓解政府资金困难，而且可以帮助提升管理绩效水平，是从融资上升到管理模式创新的一种"升级"。这个升级再汇入以混合所有制为市场经济产权基石的全面改革，更是一种全局性的客观需要。纵观百年历史，全球有近百个经济体步入中等收入阶段，但是真正跨越此阶段而步入高收入阶段的经济体却寥寥可数。中国如要真正按照"人本主义"立场并抛开"狭隘民族主义"，和世界民族之林的其他经济体共同发展，按照和平发展与崛起的愿景成功化解"中等收入陷阱"潜在的威胁而联通到"中国梦"，就一定要有各种因素合在一起攻坚克难化解矛盾的全面配套改革。其中 PPP 作为制度供给的创新，就是使市场资源配置作用得到各个方面更多认同，也得到政府应该"更好发挥作用"的各种可操作机制匹配磨合的一个重要改革事项，应把其从融资视野提高到管理模式创新，再从管理模式创新提高到全面改革配套必备事项，即实现制度供给方面的重大创新这样的高度来认识。

1.5 政府和社会资本合作与党的十八届四中全会全面"法治化"主题的贯通：催化新时期

相辅相成的现代文明演进——法治建设与契约精神培养。

从理论密切联系实际的角度考察，PPP 概念下的新型公私合作模式客观上必是要求高度的法治化、规范化和讲求契约精神的。在中国推进PPP的进程中，应当特别注重与现代文明进程中的法治建设、契约精神培育的对接。要释放社会资本民间企业的潜力，提升公共部门综合绩效，最关键的是政府通过努力，在反腐倡廉过程中强化法治和契约精神供给。党的十八届四中全会已对于我国全面推进"依法治国"做出了顶层规划，实质是把党的十八届三中全会关于"以经济改革为重点"的部署联通于经济、行政、政治、社会的全面改革大配套的部署，这一"法治化"的时代主题，与PPP的机制创新正好形成了紧密联系，客观上也对于克服法治化程度低的现实问题，提出了迫切的任务。

1.5.1 必须高度注重政府和社会资本合作运行相关的法治建设

PPP所要求的法治化配套条件，可从泉州刺桐大桥案例考察。20世纪90年代的福建泉州刺桐大桥BOT项目，是中国第一个本土民营资本介入的PPP项目，该项目形成的SPV（特殊项目公司）的股权结构中，政府部门通过其子公司入股占40%，剩余60%股份是民间企业持有。以往政府工程中常见的问题，如工期延长、返工、无法问责、超预算等，在该项目中都成功地予以防止，大桥提前半年竣工通车，质量上乘，使百姓得到了实惠。

刺桐大桥案例的首创意义是非常显著的，即以少量国有资金引导民间资金兴办过去认为只有政府才能做的基础设施建设；融资方面也实行了值得肯定的创新，采用大桥经营权质押贷款、固定贷款和流动贷款结合、按揭式还本付息偿还融资贷款。但囿于当时的条件、经验，初始约定中没有涉及的一些后续变动因素，使运营期间民间资本与政府之间出现问题，十分值得关注和剖析。第一，在一系列主客观因素局限下，刺桐大桥项目虽有SPV构架，但却没有形成规范契约文本，而是以政府红头文件形式确定下来，导致后来面对晋江上陆续新建大桥的车辆分流因素形成的利益分割，业主无维权依据；第二，业主方经营权和收益权没有得到相关法律充分保障，除收费权外，其他权益大都没得到保障，如在大桥两侧管辖范围内设立广告牌，但被有关部门强制拆除；第三，地方政府领导层换班后，提出股份转让，使业主方一度面临危机；第四，地方政府领导层增加额外项目，使业主方让出相当利益，两个外加项目投资高达1.2亿元的投入额，从企业角度的感受，博弈结果是"胳膊拧不过大腿"，不得不承担；第五，收费标准未能形成调整机制，无法随着情况变化而改变；第六，政府政策法规变动风险可能由企业承担，例如刺桐大桥项目当时确定特许经营权30年，而后国务院有关部门出台有关政策规定，经营性公路收费期限不得超过25年。这些问题使得刺桐大桥由值得肯定的案例，变成引起其他民间资本望而却步的案例。民企方的感受是："榜样的力量是无穷的，修理榜样的后果是严重的。"造成这种局面的最主要原因，就是"法治化"环境的制度条件不到位，契约的形式规范和减倍遵约的商业文化因素也不到位（特别是在政府方），所以无法出现"以法治保障契约、按契约实现共赢"的满意结果。

PPP一般涉及的都是公共工程与公共服务领域的投资项目，并与公众日常生活密切相关，依托相关项目所提供的服务的质量、价格等，均是比较敏感的话题，也特别容易引起民意的高度关注。所以，需要制定一套专门的法律法规，对PPP项目的立项、投标、建设、运营、管理、质量、收费标准及其调整机制、项目排他性及争端解决机制，以及移交、决算信息公示等环节做出全面、系统的规定。虽然一些PPP案例在我国实际上已运行了相当长的时间，但一直以来却明显缺乏国家层面的法规制度，有的只是地方性的或行业性的管理办法或规定。在某些地方，PPP项目的建设，甚至作为凭据的仅有地方政府一纸"红头文件"（如刺桐大桥BOT案例），其法律效力低，内容粗疏，以致合作过程中公、私双方并不是在成熟的法律框架下形成尽可能清晰有效的契约来处理利益关系，而是"走一步说一步"。由于政府部门掌握着公权力，很容易将自己的意志强加于私人部门，在相关的博弈过程中，私人部门几乎注定是弱势的一方，得不到法律和契约的有效保护，成为很多额外风险或成本的承担者。

因此，回归到一般的PPP创新和发展中，我国必须下定决心加快法律法规建设，争取先行完善政府制度约束。目前，我们已经看到相关部门立法和制度规定层面的一系列积极进展，应继续大力推进，按照党的十八届四中全会精神，为我国PPP机制的长效运行奠定良好的法治基础。

1.5.2 必须高度注重政府和社会资本合作运行相关的契约精神培养

从法律这一基本制度建设保障作用延伸，自然要过渡到对契约精神培养的关注这一层面。"契约"一词来自拉丁语contractus，所指的是契约交易，在西方发源很早，后伴随宗教传播逐渐形成契约意识。"契约精神"从本源

政府和社会资本合作的背景与意义

上来讲与政治学中所说国家产生一脉及法学中私法一脉相关，而我们在PPP运行中强调的契约精神，实际上是其置身于政府与非政府主体合作的经济行为中所强调的自由、平等、互利、理性原则。这是对于传统的政府单纯行政权力意识的一种冲破，要求形成以"平等民事主体"身份与非政府主体签订协议的新思维、新规范。

PPP模式中，政府部门、私人部门和公众之间存在多重契约关系：第一，政府部门与公众之间存在契约关系，这种契约关系以政治合法性为背景，以宪法为框架，由政府在宪法范围内的活动为公众提供公共产品与服务，针对公众的需求履行承诺；第二，政府部门与私人部门之间形成契约关系，这种契约关系以双方就具体项目或事项签订的合同为基础，由政府部门与私人部门通过合作来提供公共产品与服务；第三，参与PPP的非政府的企业和专业机构、社会组织之间形成契约关系，在PPP总体契约中承担公共产品与服务的提供，回应公众的诉求。

PPP直观形式上主要关注的是后面两层契约关系，尤其重要的是第二层。如果以契约精神的四项原则来进行考察，便不难发现其培养发育和趋向成熟对于我国PPP运行和社会现代化的重要性。第一，自由。就推进我国国家治理现代化取向下的现代市场体系来看，自由这一原则可以推进合乎"合作"逻辑地使政府部门和非政府部门行使自由选择权。第二，平等。平等这一原则可以构成政府与企业等非政府主体之间进行合作的牢固基础。按照传统的调控、管理思路，无平等可言，政府天然占据强势、操纵的位置，如把此沿用于PPP内，私人企业便不敢、不愿与政府合作，PPP的发展便成空谈或难以持续。第三，互利。契约能够达成，最重要的基础就是契约各方都能够从中获得实实在在的利益，PPP模式也不例外。在我国的PPP运行中，正明确互利这一契约基础，特别表现为不是简单要求企业"学雷锋""尽社会责任"，而是以与政府合作的投资行为取得预期的虽不高但可接受、可覆盖相当长时期的回报。第四，理性。契约的签订，是需要各方反复磋商磨合，尽可能全面、细致地穷尽各种相关因素而天然倾向于理性态度的，包括理性的妥协以寻求"最大公约数"，理性地评估合作期中的风险，也包括最大限度地理性吸纳各方的专业性咨询建议。特别值得注意的是，在自由、平等的原则下，以互利为基础而建立的契约，实际上是综合叠加地构成有合作各方共识的一种理性预期,在契约履行的一个长期过程中,也要求契约各方风险共担,从理性原则出发,在契约中落实风险共担机制也是抗御风险的最佳社会选择。从中国经济社会转轨是执政党和政府公权体系的一种"自我革命"的角度来看,PPP这一制度机制创新,对于政府的职能转变、权力制约和行为规范化、绩效趋优化,也正是从由法治而契约的路径和方式来有效实现的。当然,从PPP模式启动开始,政府应当遵循理性原则,利用市场测试等手段针对公共产品和服务的类型进行测评,得到是否应当采用PPP模式的正确结论,避免PPP模式的滥用。

  作为制度供给的创新,PPP自有其约束条件,其更广泛的发展尤以法治化的较高水平为前提,以诚信敬业的商业文化和契约精神为铺垫。无可否认,这些前提和伴随条件都是当下中国存在不足和缺憾的。因此,我们在充分肯定PPP这一制度供给伟大创新的同时,也必须清醒认识PPP所带来的挑战与风险,力求把这一"顺天应人"的改革,扎实稳妥地向前推进。

2 政府和社会资本合作的概念、起源与职能

政府和社会资本合作（Public-Private Partnerships，简称PPP）已经被广泛应用到各种公共产品和服务的提供当中，但人们对其认识一般仍然停留在融资层面。本文从管理视角概括PPP概念，并从其起源、特征和功能层面力求较全面地认识PPP，认为其在经济社会转轨中对于促进制度、机制创新的意义和功能特别值得强调。

2.1 概念

对英文Public-Private Partnerships也有多种译法，如政府和社会资本合作、公私伙伴关系、公私合作伙伴模式、公共/私人合作关系、公私机构的伙伴合作、官方/民间的合作、民间开放公共服务、公共民营合作制等。下面列举几种具有代表性的说法。

2.1.1 机构给出的概念

（1）联合国发展计划署1998年给出PPP的概念是：PPP是指政府、营利性企业和非营利性组织基于某个项目而形成的相互合作关系的形式。通过这种合作形式，合作各方可以达到比预期单独行动更有利的结果。合作各方参与某个项目时，政府并不是把项目的责任全部转移给私营部门，而是由参与合作的各方共同承担责任和融资风险。

（2）联合国培训研究院的概念是：PPP涵盖了不同社会系统倡导者之间的所有制度化合作方式，目的是解决当地或区域内的某些复杂问题。PPP包含两层含义：其一是为满足公共产品需要而建立的公共和私人倡导者之间的各种合作关系；其二是为满足公共产品需要，公共部门和私人部门建立伙伴关系进行的大型公共项目的实施。

（3）欧盟委员会的概念是：PPP是指公共部门和私人部门之间的一种合

作关系，其目的是为了提供传统上由公共部门提供的公共项目或服务。

（4）美国 PPP 国家委员会的概念是：PPP 是介于外包和私有化之间并结合了两者特点的一种公共产品提供方式，它充分利用私人资源进行设计、建设、投资、经营和维护公共基础设施，并提供相关服务以满足公共需求。

（5）加拿大 PPP 国家委员会的概念是：PPP 是公共部门和私人部门之间的一种合作经营关系，它建立在双方各自经验的基础上，通过适当的资源分配、风险分担和利益共享机制，最好地满足事先清晰界定的公共需求。

2.1.2 专家给出的概念

（1）PPP，首先，广义界定，指公共和私营部门共同参与生产和提供物品与服务的任何安排。其次，它指一些复杂的、多方参与并被民营化了的基础设施项目（E.S.Savas，2002）。再次，它指企业、社会贤达和地方政府官员为改善城市状况而进行的一种正式合作（PerryDavis, ed., 1986）。

（2）PPP 是指为了实现共同目标和互惠互利，公共部门与私人部门权力共享、共同经营、维护以及信息共享而形成的合作关系（Kernaghan）。

（3）PPP 是指公共部门与私营部门之间签订长期合同，由私营部门实体来进行公共部门基础设施的建设或管理，或由私营部门实体代表一个公共部门实体（利用基础设施）向社会提供各种服务。这种模式通常有如下特征(G. PeirsOn，P.Mcbride，1996)：①公共部门实体通常根据协议向私营部门实体移交基础设施（是否付款作为回报要视情况而定）。②由私营部门实体建设、扩建或重建一项基础设施。③由公私部门指定基础设施的运行特性。④私营部门实体在既定期限内利用基础设施来提供公共服务（通常对运营和定价进行限制）。⑤在协议到期后，私营部门实体同意向公共部门移交基础设施（是否付款视情况而定）。

（4）PPP 是一种"合作关系"，包括合同安排、联合、合作协议和协作活动等方面，通过这种合作关系来促进政策和计划的实行，提供政府计划和服务（Armstrong）。

（5）PPP，在两个或多个实体之间达成协议，从而使合作各方为共同或相互兼容的目标而协同经营，并在一定程度上共享权力、共担责任，联合投入资源，共担风险，互惠互利（TreasuryBoardSecretariat, Impedimentsto Partnering）。

 政府和社会资本合作的概念、起源与职能

通过上面众多概念可以看出，虽然无论是机构或是专家，对 PPP 都还没有形成一个完全一致的表述，但是，从这些定义和解说中我们可以发现一些共同的特征：第一，公共部门与私营部门的合作，合作是前提，每个概念中都包含合作这个关键词。第二，把提供公共产品或服务，包括提供基础设施，作为合作的目标。第三，强调利益共享，就是说在合作过程中，私营部门与公共部门共赢。第四，风险共担。这些特征大体上概括了 PPP 概念的基本要素，在此基础上，我们认为，PPP 概念中包含有合作、提供公共产品或服务、利益共享、风险共担这样几个要点。

"竞争可以是建设性的，也可以是破坏性的：即使其为建设性的时候，竞争也没有合作那样有利。"马歇尔在其《经济学原理》中曾明确地指出了合作比之于竞争更为重要。人们往往认为，在市场经济中竞争是万能的，其实并不尽然，竞争固然重要，但也不排斥合作。PPP 的本质是合作而非简单的竞争，竞争只是合作过程中的一种手段和一种基础机制。

2.1.3 本文给出的 PPP 概念

根据人们对 PPP 的认识，并结合上面比较典型的观点，可以就 PPP 及其管理模式做出这样一个定义：所谓 PPP，是指政府公共部门与民营部门合作过程中，让非公共部门所掌握的资源参与提供公共产品和服务，从而实现政府公共部门的职能，同时也为民营部门带来利益。其管理模式包含与此相符的诸多具体形式。通过这种合作和管理过程，可以在不排除并适当满足私人部门投资营利目标的同时，为社会更有效率地提供公共产品和服务，使有限的资源发挥更大的作用。

我们知道，政府应当为社会公众提供公共产品和服务，但大量准公共产品与服务的提供过程，并不必然排斥私人部门的参与，相反，还可能带来一系列正面效应。如果让私人部门做这些事情，理所当然要经过政府公共部门的同意或许可；同时，为了确保私人部门提供公共产品的质和量，私人部门必然要接受政府部门的监督。政府公共部门为了能够让私人部门合理参与，也必然要为其设置相应的条件，如保证其实现一定的利益，帮助其控制相应的风险等，只有这样，私人部门才愿意做过去本该由政府公共部门做的事情。

一旦民营部门做了公共部门的事情，一定是民营部门与政府公共部门合作的结果，而非相互竞争的结果。虽然在具体的民营企业或机构参与者的确

定或挑选过程中，一般应当安排必要的竞争，那只是民营部门做这个事在项目具体落实程序中、环节上的单方面的内部竞争。

PPP管理模式与融资模式的区别是：①融资只是PPP的目的之一，并不是全部。PPP项目中会涉及融资问题，但不仅限于融资问题，政府和公共部门除了利用民营部门的资本以外，大多还利用了民营部门的生产与管理技术。②融资更多是考虑将自己的风险最小化，而PPP管理模式中，更多是考虑双方风险而将整体风险最小化。事实证明，追求整个项目风险最小化的管理模式，要比公、私双方各自追求风险最小化更能化解风险。PPP所带来的"一加一大于二"的机制效应，需要从管理模式创新的层面上理解和总结。③与风险控制相对应，融资者考虑的是自己收益最大化，而PPP管理模式又加入了社会综合效益最大化的导向。可以说，实现收益最大化是每个融资者都要考虑的问题，但是，作为PPP管理模式中的合作双方，又是受到不允许过分追求局部利益的制约的，因为这一模式涉及更多的公众利益。在PPP管理框架下，政府为了吸引民间资本进入，减少民营部门的经营风险，会确保其经营具有一定的收益水平，但又不应收益过高，如果收益过高，政府方面也会做出相应控制。

美国管理学家斯蒂芬·P.罗宾斯给管理下的定义是：管理是指同别人一起，或通过别人使活动完成得更有效的过程。而PPP就是公共部门与民营部门一起，使得公共产品和服务的提供更为有效的过程。由此可以看出，应当把PPP放在一种管理模式的高度来认识，其中可以包含其融资模式。

2.2 起源

我们已知所谓PPP，是指政府公共部门与民营部门合作过程中，让非公共部门所掌握的资源参与提供公共产品和服务，从而实现政府公共部门的职能，同时也为民营部门带来利益。那么，哪些部门能够让民营部门参与，而民营部门又愿意参与做哪些事情呢？众所周知，民营部门做事的内在动力是获取利益或利润，如果没有利润，民营部门不会愿意做本该公共部门做的事情。利润的获得一般有两个主要途径：一个是政府直接给予民营部门；另一个是民营部门通过向用户收费获得。第一种很容易理解，为政府做事，必然由政府付费。而第二种途径是要经过用户认可的，就是说所做事情对用户而言是有益的，用户能够从中获得好处，只有这样用户才愿意付费。这就会让我们联想到修路或供水，这两种服务都能为用户带来直接的利益，通过向用户提供服务而收取费用，用户较容易接受。而我们考察 PPP 的起源时，的确可以从民营部门修路和私人参与供水开始。

在英文中，最早的公路之所以被称为 turnpike，是因为路段上布置了可移动的路障，通常由一根水平的长杆（pike）或栅栏组成，管理人可以通过移动横杆（turnthepike）来阻断路面交通。15 世纪时，欧洲人设置这样的路障通常出于安全考虑，在战时可以减缓骑兵的袭击速度，起到一定的抵挡作用。到了 17 世纪，税务机构开始推行公路收费政策，turnpike 的作用发生变化，开始用来阻挡过往车辆，收取"过路费"后再放行（笔者注意到，turnpike 的名称在美国宾夕法尼亚州等地的收费干道上沿用至今）。由此可以说，PPP 起源于收费公路的诞生。当然，在当时人们还没有明确提出 PPP 的概念或理论来，只是实际生活中出现了"公"与"私"实际形成了互动、交易关系而共同维系收费公路运行的模式。

其实收费路的源头要早得多。据历史记载，公元前 1950 年，亚述人就修建了从叙利亚到巴比伦的收费道路，这可能是现可看到的最早的收费路记载了。希腊历史学家和哲学家斯特雷波（Strabo，公元前 63 年—前 21 年）在恺撒·奥古斯都（Caesar Augustu）时代的 Geographia 中也记载了在 Little Saint-Bernard's Pass 上收取通行费的历史。作为对养护道路、带路和跨山脉搬运的回报，罗马大帝授予 Salassi 部落征收通行费的特许权。这可以被称为最为原始的 PPP 形式，但是它与现在模式的差别并不太多。这一收费在当时同样需要罗马大帝代表政府的授权。

下面再作一些分别区域或国度的考察。

2.2.1 欧洲

2.2.1.1 英国

在供水方面，伦敦由私人企业供水已经有 400 多年的历史，而政府对私人进入很少加以限制。企业相互竞争，以投资支持服务和质量的革新，增加居民用水线路。到了 19 世纪，伦敦大范围的供水系统已经使之成为"欧洲居住和健康状况最好的城市之一，在大多数欧洲城市人口急剧下降时，该市的死亡率却低于出生率 1800 点"（世界发展报告，2004）。95% 的伦敦居民从私营企业那里得到管道供水，其中多数是对住宅直接供水。

技术进步导致竞争中的产业合并和价格上升。供水条件的改善引起了抽水马桶需求的增加，这又引起了污水排放的问题。议会为此制定了法规，到1908年，私营系统全部被国有化。直到20世纪70年代末，众所周知，英国又进行了大规模民营化，在20世纪80年代，英国恢复了用水的私人供给（世界发展报告，2004）。

英国在PPP的实践方面走在世界前列，特别是它的自来水供应很有代表性，已经走了一个循回，从400多年前就有了私人供水的历史，后来逐渐被国有化，到了20世纪80年代初又被民营化。从私营到国营再到私营，整整走了一圈。可以说英国是PPP的先驱、倡导者，同时也是PPP的促进者。特别是在撒切尔夫人上台之后，极大地推动了PPP的进程。

在交通方面，英国早在1281年就开始对通过伦敦桥的车辆、行人和船只收费，1706年，成立收费信托机构，负责收费公路的筹资、建设、维护和经营。1820年，英国大约有3200千米的收费道路，年收费额为125万英镑。尽管1364年英格兰的法律首次允许设立收费站，但第一条收费公路直到1663年才得以建成。赫特福德尔、亨廷顿和剑桥的法官请求议会通过法案，允许募集资金维修和改善横穿3个郡的GreatNorthernRoad的一个路段。依据该法案，管理当局有权在公路的特定路段设立3座收费站，对过往车辆和牲畜收取规定的费用，收费期限为21年，预计在这21年内就可以偿清债务，此后，公路将恢复免费通行（Cossons，1934）。直到18世纪早期，才确立了将公路的管辖权归属专门的地方机关以及将养护成本从国家转移到使用者的惯性规则。1706—1707年，第一个所谓的"收费公路信托"成立。它的成立促成了上百个法案的通过，这些法案几乎将这一制度推广至英格兰全境。到了19世纪40年代，有效的收费公路法案接近1000个，都是由镇区议会、商人、制造商、农民和地主推动制定的，其中也包括负责养护公路某一路段的人。由于当时管理收费公路的信托企业较小，资金有限，每家企业只能负责16公里或32公里的路段，因此常常会有某一段公路不通的情况，所以导致长途运输受到限制，所运的只能是旅客和小批量的高价值货物（这与我国20世纪末上海修建高速时的情形有些类似，当时为了方便民营资本进入上海高速路建设，市政方面有意将路段做出划分，以便于民营资本的参与，但已少有因协调不

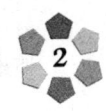

政府和社会资本合作的概念、起源与职能

到位而出现"断头路"的情况）。

1773 年英国国会通过的《收费公路法案》规定了详细的差别收费制度。依据车辆轮胎的宽度对车辆分类，轮胎越宽收费越低。对于"滚轮"宽度在 13—16 英寸之间的四轮马车免收一年的通行费，一年之后享受部分优惠待遇，因为它们在路面上留下的车辙较少（Cossons，1934，pp.20—22）。当然并不是对所有的通行者都收费，如邮递员、神职人员以及养护人员就不必交通行费，对于政府及住在公路两边的居民，通过支付年费来代替通行费。

收费公路信托机构的受托人有权募集资金，通常的费率是 4%或 5%，并利用募集来的资金在特定的地点修建新公路（也往往用来改善旧公路）。公路的实际养护和建设则由指定的检查员负责督办，检查员往往要监督多条收费公路的运作。收费"保收人"享有公路收费的特权，他们向信托机构支付固定的金额，以换取在收费公路特定收费站收费的权利（这成为外包或转包的早期实例）。1773 年以后开始拍卖收费租赁权，开始是拍卖给当地的商人，后来就面向可以收购多条收费公路租赁权的大集团。

2.2.1.2 法国

法国的供水服务也是从地方的私人供水开始，自 17 世纪中期一直保持了下来，曾经历了不同的管理和租借合约形式，最终将供水服务演变为公有制下的私人提供。（世界发展报告，2004）由于认识上的差异，法国人并不把公私合作伙伴关系看作是一种新的观念，因为他们接受特许经营的理念，而事实上特许经营是公私伙伴关系的一种形式。其实这并不重要，重要的是在 100 多年前法国现实生活中就出现了 PPP，当时的形式是"社会经济混合体"和"特许经营"，今天，特许经营制度在法国仍然是建设和管理"商业型"公共服务设施和公共基础设施的最普遍模式。在 1995 年，75%的人口的供水是通过 PPP 合同实现的。里昂水务和威望迪（现在叫 VeoliaEnvironment）两家 PPP 模式的经营者控制着全国 62%的供水、36%的污水处理、75%的市中心供热、60%的垃圾处理、55%的电缆运营以及 36%的垃圾收集。大部分铁路网络、供水设施和街道照明也是在 PPP 模式下发展起来的（Ribault，2001）。法国在水务方面的 PPP 相当有名，经验丰富。21 世纪初，威望迪公司以约 20 亿元人民币的价格，获得控制我国浦东自来水厂 50%的股权和 50 年经营权。

在交通方面，法国还有个著名的案例，是 160 千米长的苏伊士运河。这项特许经营权是 1854 年由统治埃及的土耳其总督授予的。运河于 1869 年竣工，特许经营的期限为 99 年，自运河开航之日起计算（但在 1956 年埃及政府将苏伊士运河公司国有化时，特许经营权随之终止）。

基础设施和公共服务方面，在法国采用了两种不同的制度：政府直接管理制度和基于 PPP 模式的私人特许经营制度（在法国叫做公共服务委托制）。在政府直接管理制度下，基础设施或服务直接由公共机构或国有机构建设和运营。（Lignieres，2002）大量基础设施在将特许经营合同授予公共特许经营者的形式下进行管理和开发，成立特殊目的的公共企业来建造和运营。例如，20 世纪 50 年代组建特许经营控股公司用于开发法国高速公路网，当时由地方政府和公共信贷机构提供股本金是一种使中央政府避开其预算限制的方式。但是，征收的通行费受到管制，并且上涨率低于通货膨胀率，这损害了公司的收益，恶化了公司的资产负债表。当这些公司遇到财务困难时，大部分都被政府接管了。（Smith，1999;Levin—son，2002）自 20 世纪 90 年代以来，采用 PPP 方案为基础设施项目融资和设计迅速复苏，法国的公用事业公司，如威望迪集团、苏伊士里昂水务、布依格集团、万喜建筑公司、SAUR、索迪斯集团和康运思公司，充分利用了这种新形式。法国政府已经向私人特许经营者开放了以下项目：Millau 高架桥、连接 Perpignan 和 Figureras 的高速公路以及几个高速公路路段（A19、A86、A28）。在地方层面，几乎所有的公共服务都向特许经营者开放。污水处理、垃圾收集与管理、电缆、城市交通、体育运动设施、学校餐饮、殡仪服务和供水都可以按照委托管理合同来组织。（Ribault，2001）长期以来，法国的 PPP 主要形式是特许经营。

2.2.1.3 荷兰

在 1853 年到 1920 年期间，供水部门主要由私营供水企业控制，后来这些企业逐步地被市政当局所接管并作为公用事业来经营。合并是由中央法令决定并由市政当局推动的。主要目的是利用企业为农村地区提供更加地域化的服务。到公共部门接管的时候，对供水服务实施经济管理的原则已经很好地融入政治体系中了。市政当局对公用事业进行市场化管理已经成为行业准则(世界发展报告，2004）。

将水视为一种经济物品并对供水服务进行收费的行为使得荷兰能够利用私人供应来推动该部门的发展。在荷兰，这个系统从私营部门移交到公共部门手里。但是，向供水服务的用户收费一直是行业准则，这使得提供者能够在与地方政府保持距离的同时维持服务供应，并更好地激励他们对客户的需要负责。（Lorrain，1992；Blokland，Braadbaart 和 ScHwartz，1999）

2.2.2 美国

美国水务。在 1800 年到 1900 年期间，美国的自来水厂以惊人的速度增长。最初是私营企业占优势，而到 1900 年已经有一半是公有的了。之所以会出现这种向公有制过渡的情况，是因为市政当局和企业在消防用水合约问题上有分歧。当城市快速发展时订立合约的困难，几个城市曾发生的大火，这一切不仅为私营企业、也为政府提供了规避行动目标或是推动合约重新谈判的机会，在从市政当局向企业进行财政转移拨款时，计量方法的缺乏和直接收费导致双方发生冲突。结果并不令人惊讶，公有制成分增加了，而与此同时，公共服务系统也继承了将供水作为经济产品来管理和控制的传统。（世界发展报告，2004）

美国交通。美国也运用道路收费制度。最早的私人修建的道路在美国宾夕法尼亚州，于 1974 年建成。美国的收费公路和英国一样，并非所有通行者都要支付通行费。一些地方政府立法，去教堂做礼拜的人、军人以及在收费站镇内做生意的人可以免交通行费。收费公路每年分红和资本回报率最高为 8%，更普遍的是每年 3%的收益率。（Levinson）在美国，"认购方更感兴趣的往往是新交通线路可能给他们带来的利益，而不是投资的盈利性"（Durrenberger，1931，p.100，在 Levinson2002，p.25 引用），因为乡镇及其领头的居民想从改善交通运输之中寻求对当地经济的拉动力。我国近二三十年流行的"要想富，先修路"的思想与此可谓不谋而合。

目前，美国已有 19 个州允许建设公私合营的高速公路，在这种项目中政府与私人主要通过合同形式来确立双方的权利义务，政府是交通设施的所有者，私人则可以拥有交通设施中的某一部分（如交通管理系统、服务区等），并从中获得相应的收益。美国的高速公路往往专设多人乘车车道，并给予其免交通行费等优惠措施，以鼓励多人合乘。加州橙县 91 号公路在全国率先采用根据不同时段设定不同收费标准的收费方式，通过收费限制高峰期出行的车辆数量，同时保证车辆在该公路上的行驶速度。美国联邦公路局试验发现，通过收费的调节可以使很多人选择避开高峰时期出行，从而提高车辆的通行效率。不收费时每车道每小时可通行车辆 1500 辆次，收费调节后则可达到每小时 1800 辆次。

在美国，当收费公路获得特许建设权的时候，就已经设想有朝一日它会回归国有，一般是 99 年的租赁期结束后。事实上，极少数收费公路的运营时间超过了租约期限，它们中的大多数被废弃或者被收费公路的所有者以公平和公正的价格转让出去。20 世纪初，剩下的收费公路都被各州和当地政府收购并归入国有高速公路系统。

2.2.3 中国

一些人认为，PPP 起源于欧洲，只是最近几年才被引进中国，其实并非如此。公私合作在我国已较早地存在于生活当中，只是没有总结出来并形成理论而已。在现实生活中，我们早在报纸等媒体上看到过这样的报道，一些动物园由于缺乏必要的资金投入，让社会上有爱心的公众认养动物园里的动物，并可以给它们取个自己喜爱的名字，其实这就是典型的公私合作。还有个例子是在公路（省道或国道）两边植树，虽土地属于国家，但由附近居民来植树并进行管理，当树木成材之后，政府与居民按当时所签的协议来对收入分成，这也是很典型的公私合作。这两个例子都可以使我们很清楚地看到，公私合作给双方带来了只通过一方较难实现的利益。个人是不可能也不被允许在家庭中饲养大熊猫等国家级保护动物的，通过这种公私合作的方式却变通地实现了个人的这一美好愿望；同时作为由政府管理的公园，由于缺乏资金，一些动物的生存条件得不到保障，而通过这种公私合作，却很容易地解决了这一问题。同样，如果由政府在公路两边种植树木并负责管理，由于所种树木较分散，政府必定要增加管理的成本，但是如果让附近的居民来种植树木，成材后按事前所签订的合约进行分成，在双方的利益达成一致的同时，政府也大大降低了管理成本。

追溯到 1906 年 6 月开工的新宁铁路，是我国内陆最南端的一条民营铁路。该线路自广东省斗山之北街修起，全长 109 千米，支线 28.5 公里。这条线路由华侨新宁县人陈宜禧集资兴办，当时分三段施工，1913 年竣工。（资料来源：中国铁道网）

至于我国真正形成具有现代意义的 PPP，还是要以党的十六届三中全会为重要标志，会议通过的《关于完善社会主义市场经济体制若干问题的决定》

政府和社会资本合作的概念、起源与职能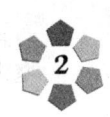

已经明确指出：清理和修订限制非公有制经济发展的法律法规和政策，消除体制性障碍。放宽市场准入，允许非公有资本进入法律法规未禁入的基础设施、公用事业及其他行业和领域。这标志着民营资本可以全面进入基础设施和公用事业领域，当时最为引起民营资本兴趣的领域是城市居民供水。法国威望迪集团以约20亿元人民币的价格，拍得浦东自来水厂50%的股权、50年的经营权就是当时较为著名的PPP案例之一。另外，在此前也有一些地方采用BOT方式建立发电厂和桥梁、高速公路等（如我国内资民营资本从事的第一个BOT项目是福建泉州的刺桐大桥），带有一定程度的开拓、创新性质，为十六届三中全会决定的出台提供了实践经验的支撑。

2.3 特征

在明确PPP的概念和考察其起源之后，我们可以做出一个关于其特征的总结，PPP的运行具有三个重要特征：伙伴关系、利益共享和风险分担。

2.3.1 伙伴关系：项目目标一致

伙伴关系是PPP第一大特征，所有成功实施的PPP项目都是建立在伙伴关系之上的。可以说，伙伴关系是PPP中最为首要的问题，没有伙伴关系就没有PPP。政府购买商品和服务，给予授权，征收税费和收取罚款，这些事务的处理并不必然表明合作伙伴关系的真实存在和延续。比如，即使一个政府部门每天都从同一个餐饮企业订购三明治当午餐，这也不能构成一种伙伴关系（Kelly，2000，p.10）。PPP中民营部门与政府公共部门的伙伴关系与其他关系相比，一个显著的独特之处就是项目目标一致。公共部门之所以和民营部门合作并形成伙伴关系，核心问题是在其中存在一个共同的目标：在某个具体项目上，以最少的资源，实现最多的产品或服务。民营部门是以此目标实现自身利益的追求，而公共部门则是以此目标实现公共福利和利益的追求。

形成伙伴关系要落实到项目目标一致之上，但这还是不够的，为了能够保持这种伙伴关系的长久与发展，还需要伙伴之间相互为对方考虑问题，具备另外两个显著特征：利益共享和风险分担。

2.3.2 利益共享

利益共享是PPP的第二个特征。在这里需要明确的是，在PPP中，公共部门与民营部门并不是分享利润，而且还需要对民营部门可能的高额利润进行控制，即不允许民营部门在项目执行过程中形成超额利润。其主要原因是，任何PPP项目都是公益性项目，不以利润最大化为目的。如果双方想从中分享利润，其实是一件很容易的事情，只要允许提高价格，就可以使利润大幅度提高。不过，这样做必然会带来社会公众的不满，最终还可能会引起社会的混乱。既然形式上不能与民营部门分享利润，那么如何与民营部门实际地共享利益呢？共享利益在这里除了指共享PPP的社会成果之外，也包括使作为参与者的私人部门、民营企业或机构取得相对平和、稳定的投资回报。

在此，利益共享显然是伙伴关系的基础之一，如果没有利益共享，同样也不会有可持续的PPP类型的伙伴关系。

2.3.3 风险分担

PPP的第三个特征是风险分担。伙伴关系不仅仅意味着利益共享，同时也意味着风险分担。与市场经济规则兼容的PPP中，利益与风险也有对应性，风险分担是利益共享之外伙伴关系的另一个基础。如果没有风险分担，也不可能形成这种伙伴关系。

无论是市场经济或计划经济，无论是私人部门或公共部门，无论是个人或企业，没有谁会喜欢风险。即使最具冒险精神的冒险家，其实也不会喜欢风险，而是会为了利益千方百计地来避免风险。在PPP中，公共部门与民营部门合理分担风险的这一特征，是其区别于公共部门与民营部门其他交易形式的显著标志。如政府采购过程，之所以还不能称为公私合作伙伴关系，是因为双方在此过程中是让自己尽可能小地承担风险。而在PPP中，公共部门却是尽可能大地承担自己有优势方面的伴生风险，而让对方承担的风险尽可能小。一个明显的例子就是在隧道、桥梁、干道建设中，如果因车流量不够而导致民营部门达不到基本的预期收益，这时公共部门可以对其进行现金流量补贴，这种做法可以在"分担"框架下有效控制民营部门因车流量不足而引起的经营风险。与此同时，民营部门实际会按其相对优势承担较多的、甚至全部的具体管理职责，而这个领域，对于公共部门而言，却正是管理层"道德风险"的易发领域，这种风险由此而得以规避。

如果每一种风险都能由最善于应对该风险的合作方承担，那么毫无疑问，整个基础设施建设项目的成本就能最小化。在PPP管理模式中，更多的是考虑双方风险的最优应对、最佳分担，而将整体风险最小化。事实证明，追求

政府和社会资本合作的概念、起源与职能

整个项目风险最小化的管理模式,要比公、私双方各自追求风险最小化更能化解准公共产品领域内的风险。所以,我们强调,PPP所带来的"一加一大于二"的机制效应,需要从管理模式创新的层面上理解和总结。

2.4 功能

PPP是一种新型的管理模式,不仅具备管理的一般职能,如计划、组织、领导、控制,还具有其他管理模式所不具备的职能,如扩量融资、利用新技术,以及特别值得强调的机制创新的职能。

2.4.1 一般功能:计划、组织、领导和控制

计划包括:定义组织目标;制定全局战略以实现这些目标;开发一个全面的分层计划体系为综合和协调各种非管理者指明了方向。当所有相关人员了解了组织的目标和为达到目标他们必须做出什么贡献时,他们就能开始协调他们的活动,互相合作,结成团队。如果没有计划,则会走许多弯路,从而使实现目标的过程失去效率。总之,有了计划可以减少重复性和浪费性的活动,在实施之前的协调过程可以发现浪费和冗余,低效率的问题会暴露出来,进一步,当合理化的手段和追求的目标设定清楚时,通过计划可以减小不确定性,使管理者能够预见到行动的结果。

计划可分为正式计划和非正式计划。在PPP管理中,通常正式计划是由公共部门和民营部门共同制定并以契约方式认可的,通过计划可以清楚地看到公共部门与民营部门的共同目标是什么,也可以清楚地看到其后公共部门与民营部门各自的目标是什么。在公私合作过程中,每一个时期都有具体的目标,这些目标被郑重地写下来并使合作双方的全体成员都知道,就是说,让每一个参与管理的人都明确组织想要达到什么目标和怎么实现这些目标。

组织一般由组织结构、组织与职务、人力资源管理、变革与创新的管理等要素组成。组织结构描述组织的框图的组织机构,有些项目会以原来的组织机构为基础,不再设立新的组织机构。在新设立的组织机构中,一般会有公共部门和民营部门双方人员共同组成,根据合同要求安排相应的管理职位。

领导包含两个方面的内涵:一个是动词领导;另一个是名词领导者。这方面PPP也有着不同于一般管理模式的特点,如上海浦东自来水厂采用PPP管理模式中,新成立的法国威望迪集团持股50%的水务公司,其董事长和总

经理是由中方和法方轮流执政（中方人员任董事长时，法方任总经理；法方任董事长时，中方任总经理）。这体现了 PPP 管理模式中，领导职能的特殊作用和创新形式。

控制可以定义为，监视各项活动以保证它们按计划进行并纠正各种重要偏差的过程。一个有效的控制系统可以保证各项行动完成的方向是朝着达到组织目标的。控制系统越是完善，管理者实现组织的目标就越是容易。控制过程一般可分为三个步骤：第一，衡量实际绩效；第二，将实际绩效与标准进行比较；第三，采取管理行动来纠正偏差或不适当的标准。在 PPP 管理过程中，控制职能表现得更为明显，无论是公共部门还是民营部门都在时刻衡量实际绩效。民营部门衡量实际产生的收益（投资回报）如何，而公共部门衡量的是社会公众的反映如何。在第二步，民营部门更多地在考虑实际产生的绩效与以往的其他项目进行比较；而公共部门则将实际取得的绩效与合作前进行比较。第三步是采取相应的管理行动纠正偏差。尽管计划可以制定出来，组织结构可以调整得非常有效，员工的积极性也可能调动起来，但是这仍然不能保证所有的行动都按计划意图执行，不能保证管理者追求的目标一定能达到。因此控制是非常重要的，因为它是管理职能环节中最后的一环。

2.4.2 特殊功能：融资、利用新技术和机制创新

PPP 作为一种新型的管理模式，它不仅仅具备了管理的一般职能，除此之外，它还兼有融资、利用新技术和机制创新的职能，这是一般管理所不具备的。在 PPP 初起之时，人们就是把 PPP 当作一种融资的形式。随着对 PPP 认识的不断深入，对 PPP 的管理模式概念有必要加以强调并使人们所认知。

融资职能是人们对 PPP 最早的认识，直到现在还有相当多的人认为 PPP 是一种融资模式。PPP 兴起之初，其主要目的也就是为基础设施融资，具体形式较多地表现为公路建设、铁路建设的融资。政府在建设公路、铁路等基础设施时，往往由于资金不足，让民营部门进行投资，民营部门通过收费的形式收回投资。正是这种融资的职能，使得人们对 PPP 有了极大的兴趣和热情，随后这种 PPP 的融资职能被不断地运用到基础设施的各个方面，如自来水提供、污水处理、隧道建设、公共卫生与医疗、基础教育，等等。政府公共部门在不同的领域，通过民营资本来为社会提供公共产品和服务，可以弥补政府向社会提供公共产品和服务过程中资金的不足。BOT 是众多 PPP 管理

具体模式中融资功能表现最为明显的一个，政府公共部门通常让民营部门利用自己的资金建设基础设施（如高速公路），然后让民营部门经营，并从中获得收益，经过一定的时间再转移给政府部门。政府在此过程中可能不需要投资一分钱，却为社会提供出原来本应该自己提供的基础设施和服务，同时经过一定的时期后，还拥有了该基础设施。由此可见PPP融资功能之一斑。

利用新技术包含两个意思：一个是生产方面的技术；另一个是管理方法的技术。之所以说利用新技术是PPP管理模式的一个职能，是因为通过PPP管理模式在为公共部门提供融资的同时，也为公共部门带来了民营企业、机构基于其活力而开发的新的生产技术和管理技术，从而可能会大大提高公共产品和服务提供的效率和水平，从而在不增加公众税负的基础上，凭借"使用者付费"机制，以私人部门之手，更大限度地满足了社会公众的需要。

机制创新职能，在中国改革开放以来这样的经济社会转轨过程和追求"后来居上"的现代化赶超过程中，具有特别值得重视的意义和作用，甚至可以认为是战略性的特定职能。这一职能的主要指向，是在经济社会生活中促进机制转换、制度创新和资源配置效益提升。机制转换包含两层意思：一是公共部门由传统的计划向市场转换；二是私人部门由市场逐利向计划靠拢。这种"双转换"可以形成一种新型的激励机制，进而达到制度创新的推进、改革的深化和资源配置效益的提升。我们知道，PPP本质是公私合作，合作的结果便是邓小平所明确指出并加以肯定的计划与市场在运行机制层面的结合，从而形成了优于计划和市场单独作用的新型管理体制和运行机制。计划往往更注重平均，从而损失了效率，而市场通常更注重效率，从而损失了均平，PPP管理模式注重的是均平、公平与效率的有机结合，在尽可能小的损失效率的情况下实现社会发展中的公平，同时在尽可能小的损失公平的情况下提高经济资源特别是公共部门资源的使用效益和综合效率。机制创新的职能，也突出了PPP管理模式的后发优势并打开了其发挥潜力的空间，它可以有效避免前人所走的单独用计划手段和公立机制提供公共产品或服务的低效弯路，同时克服市场经济下容易出现的公共投入激励机制不足和私人部门的冷漠与"袖手旁观"，为公共产品和服务的提供、公共基础设施建设和其支撑的社会"又好又快"发展，提供带有明显"后发优势"特征的创新机制，从而加快中国作为新兴市场经济国家的现代化"赶超"进程。

2.5 小结

由于 PPP 最初是被作为一种新型融资工具来使用的，所以前人给出的 PPP 概念大多带有融资的色彩。虽然在其他机构或个人给出的 PPP 定义当中，我们可以清晰地看到 PPP 的基本特征，如合作、利益共享和风险分担等，但还很难发现把 PPP 作为一种管理模式概念来使用。本文给出 PPP 概念后，从管理的视角加以强调，有兴趣的读者可以将其和管理的概念作一番比较。本文所给出的 PPP 的三个特征，其内在逻辑是联结于公平和效益兼容共升的特征，因为在通过 PPP 提供社会公共产品时，并非从特殊群体利益考虑资源的运用，会充分实现公共利益最大化，但其中的私人部门参与者的利益，却可以得到一定水平的保证，而且激励和效益水平亦可望达到奇特的较高水准。PPP 的这种职能，是其所独有的，其他管理模式并不具备。通常的管理职能仅仅是计划、组织、领导和控制，而只有 PPP 管理模式，才具有对于我国这样的转轨经济体特别宝贵的机制、制度创新以支撑其赶超战略的职能。

3 政府和社会资本合作的类型

PPP 模式是一个极其广泛的概念，其包含的实现形式多达数十种，世界银行、世界开发银行、韩国、英国等多个国际机构或国家均对 PPP 模式有具体的分类和研究。参照国际经验，结合国内实践，本文亦提出了适应我国国情的 PPP 模式分类方式。

3.1 世界银行

3.1.1 世界银行

世界银行从综合考虑资产所有权、经营权、投资关系、商业风险和合同期限等角度，将广义 PPP 分为服务外包、管理外包、租赁、特许经营、BOT/BOO 和剥离六种模式。如表 3-1 所示：

表 3-1 世界银行的 PPP 分类

PPP Option（PPP 类型）	Assets ownership（产权）	O&M（经营和维护）	investment（投资）	Commercial risk（商业风险）	Duration（合同期限）
Service contract（服务外包）	公共部门	公共部门和私人部门	公共部门	公共部门	1—2 年
Management contract（管理外包）	公共部门	私人部门	公共部门	公共部门	3—5 年
Lease（租赁）	公共部门	私人部门	公共部门	共同分担	8—15 年
Concession（特许经营）	公共部门	私人部门	私人部门	私人部门	25—30 年
BOT/BOO	私人部门和公共部门	私人部门	私人部门	私人部门	20—30 年
Divestiture（剥离）	私人部门或私人部门和公共部门	私人部门	私人部门	私人部门	永久

3.1.2 欧盟委员会

欧盟委员会按照投资关系将 PPP 分为传统承包、一体化开发和经营、合伙开发三大类。传统承包类是指政府投资，私人部门只承担项目中的某一个模块，例如建设或者经营。一体化开发和经营类是指公共项目的设计、建造、经营和维护等一系列职能均由私人部门负责，有时也需要私人部门参与一定程度的投资。合伙开发类通常需要私人部门负责项目的大部分甚至全部投资，且合同期间资产归私人拥有。

表 3-2　欧盟委员会的 PPP 分类

PPP 类型	具体模式	备注
传统承包类	Service Contract、O&M、Leasing	租赁也属于私人承包类，这一点与上面两种分类有所不同
一体化开发和经营类	BOT、Turnkey	有时 Turnkey 也用 DBO 来表示，即全承包或"交钥匙"
合伙开发类	Concession、Divestiture	Concession 包括 DBFO Concession、BOOT Concession 等，Divestiture 包括 BOO 等

3.1.3 联合国培训研究院

联合国培训研究院按照狭义 PPP 进行分类，认为世界银行 PPP 分类选项中的 Concession、BOT 和 BOO 三类模式称为 PPP，而外包、租赁和剥离不属于 PPP 范畴，如图 3-1 所示。图中左侧阴影表示私人部门参与程度，右侧阴影表示公共部门参与程度，其他各术语中文意思与表 3-1 相同。

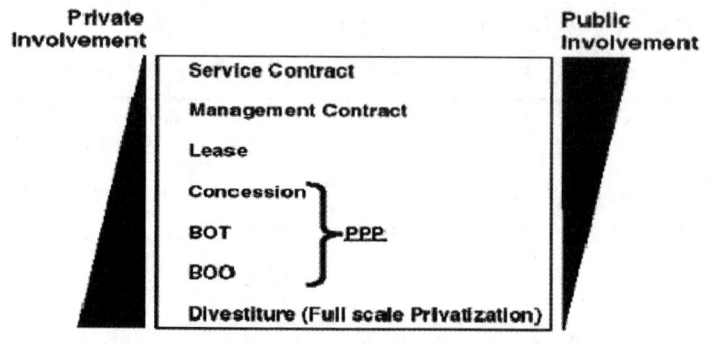

图 3-1　联合国培训研究的 PPP 分类

3.1.4 加拿大 PPP 国家委员会

加拿大 PPP 国家委员会按照转移给私人部门的风险大小将广义 PPP 细分成了 12 种模式，参见表 3-1。

表 3-3　加拿大 PPP 国家委员会的 PPP 分类

Operation and Maintenance Contract	O&M	经营和维护
Design Build	DB	设计—建设
Design Build Major Maintenance	DBMM	设计—建设—主要维护
Design Build Operate (Super Turnkey)	DBO	设计—建设—经营(超级交钥匙)
Lease Develop Operate	LDO	租赁—开发—经营
Build Lease Operate Transfer	BLOT	建设—租赁—经营—转让
Build Transfer Operate	BTO	建设—转让—经营
Build Own Transfer	BOT	建设—拥有—转让
Build Own Operate Transfer	BOOT	建设—拥有—经营—转让
Build Own Operate	BOO	建设—拥有—经营
Buy Build Operate	BBO	购买—建设—经营

3.2 亚洲开发银行

2007年，亚洲开发银行（以下简称亚行）《中国私营部门评估更新》报告将市政环境基础设施和可再生能源列为中国 PPP 的"新"领域。自此，亚行便聚焦于各种市政基础设施项目和包括 BOT、建设—拥有—运营（BOO）、移交—经营—移交（TOT）等在内的 PPP 项目，由私营部门负责项目设计、施工和运营，以提高效率。

项目取得了显著效果，为 200 万个家庭提供了清洁燃气，实现高效区域供暖 1200 万平方米，日供水 77.5 万吨，处理污水 130 万吨，焚烧城市固体垃圾 4500 吨，有效地改善了中国 29 个城市的生活质量。

为确保私营部门参与基础设施项目的收益，亚行一直推动中国在提高价格、完善技术标准等方面的政策改革。例如，在松花江流域污染控制和管理项目中，亚行帮助制定了支持松花江流域内省、市政府污染防控领域的 PPP 长期路线图，并提供了主权和非主权融资。在该项目下，亚行为龙江环保集团提供了私营部门贷款，已成为非主权融资的成功案例，使该项目成为黑龙江省内首个私营部门参与的污水处理项目。

在可再生能源领域，亚行积极支持相关法规的制定和可再生能源的定价改革，以吸引私营部门的进入。亚行资助了首个中日 BOO 风电项目和一系列废物能源化项目，还积极支持通过 BOT 模式利用清洁能源技术开展农村废物能源化业务。为妥善解决城市固体废弃物的处理和循环利用，亚行提供 2 亿美元贷款,支持了绿色动力环保集团的"固体废弃物焚烧发电"技术援助项目,采用先进清洁技术处理小城市的固体废物,并实现可再生能源发电。

此外,2013年亚行向北控水务集团和北控环保公司提供2.4亿美元私营部门贷款,支持项目采用BOT/TOT模式实现高质量污水处理和再循环利用。该项目受益于亚行开展的《城市污水再利用和污泥利用政策研究》中强调的战略性污水管理方法及污水再利用技术指南。这一指南为提高项目设计的科学性提供了借鉴。

亚行支持中国PPP项目的主要经验有以下几方面。

3.2.1 采用分权管理模式

中国城市基础设施建设领域的分权项目模式采用的特许权协议模板较为简明,有利于PPP在中国的推广应用。该模板提供了标准化的基本合同条款,同时允许每个城市根据具体情况对一些特殊事项进行修改,从而具有一定的灵活性。亚行将在中等收入国家中推广中国的分权管理模式。

3.2.2 区分地方政府和消费者的支付意愿和支付能力

由于一些PPP项目的成功在不同程度上依赖政府提供的各种支持,私营部门在投资这些项目时需要考虑地方政府的信用和支付能力,这就使得大城市相对于小城镇而言更具投资吸引力。为了在小城市应用PPP,中国创新性地将地方政府预算与用户付费(如供水、污水处理、废物处理费用)进行了分离,以吸引私营部门投资。

3.2.3 合理选择优先行业和项目

私营部门可为PPP项目提供技术、金融、管理资源和技能,激发创新,提高效率,因此吸引高质量的投资方是项目成功实施的关键,这就需要政府选择那些较有吸引力的优先行业和项目。

3.2.4 量身定制行业规则

理论上,特许经营权合同或规定对私营部门较有吸引力,但在实践中,由于在经营过程中遇到一些行业障碍或问题,也出现了不少私营部门中途退出的案例。亚行项目经验表明,可以通过采取改革行业规定的方式吸引私营部门进入PPP项目,例如对可再生资源实施强制电价、提高供水和污水处理的环保标准、禁止使用地下水、规定农业垃圾焚烧发电项目运营区域面积的最低标准等。

3.2.5 提高合同义务履行的透明度和可靠性

在 PPP 项目中，政府允许私营部门参与管理的重要性不仅体现在签订 PPP 项目合同初期，也影响着项目整个生命周期的可持续性。为建立公共部门与私营部门之间的信任，在项目实施阶段坚持履行合同所制定的价格水平、支付方式等义务至关重要。例如，在可再生能源项目中（特别是对于风电行业而言），若强制电价未如期支付，则可能长期推迟项目实施，从而产生负面的财务影响。

3.2.6 做好前期准备工作

许多 PPP 项目延迟乃至失败的主要原因是由于公共部门准备不充分，未能达到银行信贷委员会的贷款标准（包括技术、法律和财务等方面）。从最初的项目设计至融资结束，公共部门应积极寻求技术、法律、财务等专业顾问的意见。

3.2.7 确保项目融资

中国金融市场的流动性偏向于大公司及大城市。面对快速发展的新合同结构（如短期运营和维护合同、部分担保、定时包销协议等），商业银行信贷委员会往往举棋不定。但是，有经验的 PPP 交易顾问能够意识到金融市场的分割状态以及不同金融机构在战略和风险偏好方面的差异，基于对银行市场的正确解读，为特定类型的基础设施项目确定最优融资方案，并根据项目情况完善合同协议，从而确保其符合银行融资的要求。

未来亚行重点关注的 PPP 项目有以下领域。

亚行通过主权投资和技术援助项目支持私营部门加入基础设施领域，并通过推动特定行业监管及公司治理改革等措施促进 PPP 在交通、能源和废水处理等领域的应用。未来亚行将重点支持 PPP 在以下领域的应用：一是交通领域。经过实践，亚行已改变铁路项目运营思路，将全额收费等商业措施融入项目。该举措推动了私营部门进入物流等铁路服务领域，并为铁路 PPP 项目的广泛发展创造了条件。目前，亚行正积极参与中国公共交通建设项目，相关经验为亚行扩大在新型 PPP 交通项目中的主权业务打下了基础。二是农业和区域合作领域。在农业领域，亚行项目设计了融入新型价值链的开发方式，以推动农业领域的 PPP 改革。此外，亚行也支持交通和贸易物流区域合作领域的 PPP 项目，并积极拓展在上述领域的主权业务。(财政部国际司供稿)

3.3 韩国

韩国政府于1994年8月制定了《促进民间资本参与社会间接资本设施投资法》，引入PPP模式。跟其他国家一样，政府一般负责项目的计划、评估、审批、支持，民间部门负责设计、建设、融资、运营，在项目的全过程上通过政府和民间的持续合作提供公共基础设施和服务。

韩国初期的民间投资项目大部分是公路、铁路等，采用的也多是BOT，但后来韩国逐渐参考了英国和日本的做法，于2005年1月修订《对社会基础设施民间投资法》以后，韩国引入了BTL方式并大力推广，将民间投资项目的范围大大扩大。为了通过综合系统的管理提高国家基础设施发展的效率和透明度，韩国在法律上明确了民间投资项目的管理机构，于1998年设立了PICKO（PrivateInfrastructure Investment Center of Korea，韩国民间基础设施投资中心），统一负责管理民间投资基础设施的有关事宜，以统一标准向项目干系人提供服务，包括项目评估、可行性研究、资格评审、招标和评标、技术和行政支持等，结束了以前的混乱状态和不便之处。2005年PICKO已更名为PIMAC（Public and Private InfrastructureInvestment Management Center of Korea，韩国公私基础设施投资管理中心），成为韩国公共基础设施投资管理的唯一窗口。[1]

3.4 英国

英国是较早采用PPP模式开展基础设施建设的国家，于1992年首次提出私人融资计划（PFI）。2012年，英国财政部进一步推出新型私人融资（PF2），两者最大的区别是政府在特殊目的公司（SPV）参股投入部分资本金以吸引长期投资者。政府资本的参与使得PF2模式下股本金比例从10%提高到20%—25%，化解了在资金紧缺时的融资局限性，又有助于发挥私人资本的专业能动性。同时，在PF2合同中，公共部门将承担更多的管理风险，如因法律、场址污染、保险等不可预见的变化引发的费用增加的风险；PF2的融资结构更有利于获得长期债务融资，特别是从资本市场融资。

---

[1] 梁时娟，张子龙，王守清：《中、英、日、韩PPP模式的政府管理比较研究》，载《项目管理技术》，第11卷第5期，2013年5月。

法律顶层设计方面：到目前为止，英国对PPP没有专门的立法，是通过财政部不断颁发各种规范性文件进行管理。在PFI阶段，有3个政策性文件：《应对投资风险》(2003)、《强化长期伙伴关系》(2006)和《基础设施采购：实现长期价值》(2008)。在PF2阶段，有1个政策性文件：《PPP的新方式》(2012)。

组织保障方面：2010年前，英国负责PPP运行的机构有两个：①财政部的PPP工作组；②"英国合作伙伴关系"（Partnership UK），独立于财政部，按公司化运营，市场投资人占股51%，财政部和苏格兰主管部门分别占44%和5%，专项支持PPP工作组遴选的PFI项目。2011年，财政部设立基础设施局(IUK，Infrastructure UK)工作组和"英国合作伙伴关系"的工作组，统一管理实施PF2项目。

PPP开展情况方面：根据IUK的统计数据，截至2012年3月16日，PFI存量项目数量为717个，其中在运营的项目为648个（2011年3月16日的数据分别为698个和632个），总投资额为547亿英镑（2011年3月16日的总投资额为529亿英镑）。从项目运作模式看，717个存量项目中，有311个项目成立了SPV。2011—2012年间，私人部门支付的资金为18亿英镑；2012—2013年为24亿英镑，2013—2014年预计为13.58亿英镑。PFI融资方式已占到英国全部基础设施融资建设的10%—13%。（由于英国PF2于2012年才推出，而IUK最新统计数据为截至2012年3月，因此统计数据中暂不含PF2相关数据。）

英国PPP模式有以下几个特点。

一是较少采用特许经营，多数情况下选择PFI（2012年后进一步改进为PF2）。特许经营的项目，需要使用者付费，而PFI项目则是政府付费的。由于英国的教育和医疗是全民免费，所以大多采用PFI模式。即便是交通（高速公路、铁路等），绝大多数也是采用PFI模式，整个英国目前只有一条使用者付费的交通（公路项目的公里为22千米，因公路收费，使用者较少，目前政府打算收回国有）。

二是项目覆盖行业范围广，以教育、医疗、交通、废弃物处理为主。2012年3月底，英国的717个存量PFI项目中甚至包括国内不常见的监狱、警察局、法院等。其中，教育、医疗、交通、废弃物处理等行业数量占比分别为 28.71%、18.97%、5.30% 和 5.30%，合计超过 50%；总投资额占比分别为 20.50%、22.06%、12.78% 和 7.95%，合计超过 60%。交通类项目投资额往往较大，虽然项目个数占比不到 6%，但是其投资额占比却超过 12%。

表 3-4 英国 PFI 项目行业分布

分类	项目数量(个)	项目个数占比(%)	项目总投资额(亿英镑)	投资额占比(%)
教育	213	29.71	112.17	20.50
医疗	136	18.97	120.68	22.06
其他	55	7.67	87.64	16.02
交通	38	5.30	69.90	12.78
废弃物处理	38	5.30	43.51	7.95
住房	34	4.74	17.25	3.15
道路照明	32	4.46	14.27	2.61
健康	29	4.04	12.33	2.25
办公用房	24	3.35	35.34	6.46
警察局	24	3.35	4.75	0.87
服务中心	24	3.35	3.19	0.58
消防	13	1.81	3.95	0.72
教育培训	12	1.67	7.98	1.46
监狱	12	1.67	6.37	1.16
娱乐设施	12	1.67	2.05	0.37
法院	8	1.12	1.95	0.36
图书馆	7	0.98	1.58	0.29
安全教育中心	4	0.56	0.68	0.12
防洪	2	0.28	1.55	0.28
总计	717	100.00	547.12	100.00

资料来源：IUK

三是运营期限整体较长。运营期限在 20—30 年之间的项目合计占比为 81.45%。也有少量项目运营期限在 5 年以内的项目（占 0.56%），主要为 IT 类项目；部分超过 40 年的项目（占 0.28%），主要为交通类项目（高速公路维护）和医疗项目。

表 3-5 英国 PFI 运营合同年限分布

运营期限	项目数量(个)	数量占比(%)
5 年以内	4	0.56
5—10 年(不含 5 年)	11	1.53
10—15 年(不含 10 年)	26	3.63

续表

运营期限	项目数量(个)	数量占比
15—20年(不含15年)	29	4.04
20—25年(不含20年)	317	44.21
25—30年(不含25年)	267	37.24
30—35年(不含30年)	52	7.25
35—40年(不含35年)	9	1.26
40—50年(不含40年)	2	0.28
合计	717	100.00

(摘自联合资信评估有限公司　李洁　刘小平)

3.5 中国

参考世界银行和加拿大PPP国家委员会等的分类方式，结合国内目前的应用现状，我国PPP可以按如下三级结构的方式进行分类：

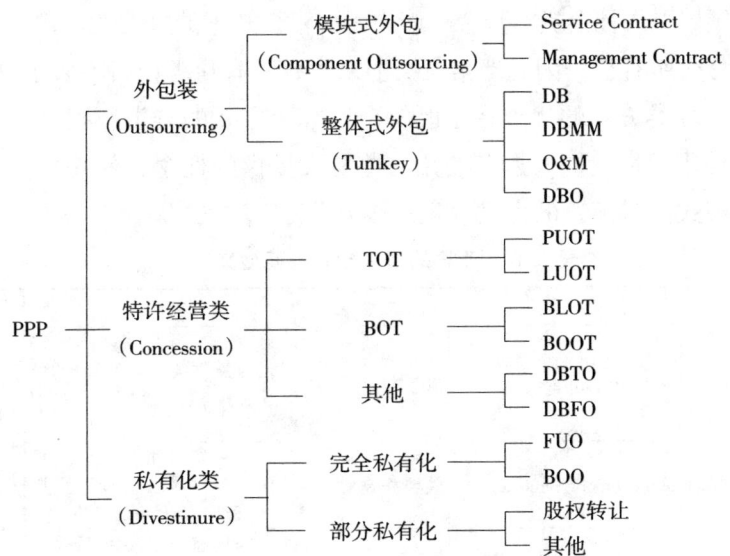

图3-2　PPP的三级结构分类法

从图3-2可知，广义PPP可以分为外包、特许经营和私有化三大类，其中：外包类PPP项目一般是由政府投资，私人部门承包整个项目中的一项或几项职能，例如，只负责工程建设，或者受政府之托代为管理维护设施或提供部分公共服务，并通过政府付费实现收益。在外包类PPP项目中，私人部门承担的风险相对较小。

特许经营类项目需要私人参与部分或全部投资,并通过一定的合作机制与公共部门分担项目风险、共享项目收益。根据项目的实际收益情况,公共部门可能会向特许经营公司收取一定的特许经营费或给予一定的补偿,这就需要公共部门协调好私人部门的利润和项目的公益性两者之间的平衡关系,因而特许经营类项目能否成功在很大程度上取决于政府相关部门的管理水平。通过建立有效的监管机制,特许经营类项目能充分发挥双方各自的优势,节约整个项目的建设和经营成本,同时还能提高公共服务的质量。项目的资产最终归公共部门保留,因此,一般存在使用权和所有权的移交过程,即合同结束后要求私人部门将项目的使用权或所有权移交给公共部门。

私有化类项目则需要私人部门负责项目的全部投资,在政府的监管下,通过向用户收费收回投资实现利润。由于私有化类项目的所有权永久归私人拥有,并且不具备有限追索的特性,而PPP在中国的语境下是一种在公用基础设施和服务领域引入社会资本资金、能力、技术、知识的过渡性安排,其最终需要向政府移交所有权,因此严格意义上来讲,私有化类项目不属于PPP。

上述这种分类方式的优点在于既符合国际上主要的分类原则,又考虑了国内的术语使用习惯,同时避免使用一些意义模糊的概念,使每一个术语对应一种特定模式。各模式的含义参见表3-6。

表3-6 PPP的各种模式及其含义

模式名	英文含义	中文含义	简单说明	合同期限
Service Contract	Service Contract	服务外包	政府以一定费用委托私人部门代为提供某项公共服务,例如设备维修、办公室卫生打扫等	1—3年
Management Contract	Management Contract	管理外包	政府以一定费用委托私人部门代为管理某公共设施或服务,例如城市垃圾处理等	3—5年
DB	Design-Build-Transfer	设计—建造	私人部门按照公共部门规定的性能指标,以事先约定好的固定价格设计并建造基础设施,并承担工程延期和费用超支的风险。因此私人部门必须通过提高其管理水平和专业技能来满足规定的性能指标要求	不确定
DBMM	Design-Build-Major Maintenance	设计—建造—主要维护	公共部门承担DB模式中提供的基础设施的经营责任,但主要的维修功能交给私人部门	不确定

续表

模式名	英文含义	中文含义	简单说明	合同期限
O&M	Operation&Maintenance	经营和维护	私人部门与公共部门签订协议，代为经营和维护公共部门拥有的基础设施，政府向私人部门支付一定费用。例如城市自来水供应、垃圾处理等	5—8 年
DBO	Design–Build–Operate（Super Turnkey）	设计—建造—经营（交钥匙）	私人部门除承担 DB 和 DBMM 中的所有职能外，还负责经营该基础设施，但整个过程中资产的所有权仍由公共部门保留	不确定
LUOT	Lease–Upgrade–Operate–Transfer	租赁—更新—经营—转让	私人部门租赁已有的公共基础设施，经过一定程度的更新、扩建后经营该设施，租赁期结束后移交给公共部门	8—15 年
PUOT	Purchase–Upgrade–Operate–Transfer	购买—更新—经营—转让	私人部门购买已有的公共基础设施，经过一定程度的更新、扩建后经营该设施。在经营期间私人部门拥有该设施的所有权，合同结束后将该设施的使用权和所有权移交给公共部门	8—15 年
BLOT	Build–Lease–Operate–Transfer	建设—租赁—经营—转让	私人部门先与公共部门签订长期租赁合同，由私人部门在公共土地上投资、建设基础设施，并在租赁期内经营该设施，通过向用户收费而收回投资实现利润。合同结束后将该设施交还给公共部门	25—30 年
BOOT	Build–Own–Operate–Transfer	建设—拥有—经营—转让	私人部门在获得公共部门授予的特许权后，投资、建设基础设施，并通过向用户收费而收回投资实现利润。在特许期内私人部门具有该设施的所有权，特许期结束后交还给公共部门	25—30 年
DBTO	Design–Build–Transfer–Operate	设计—建造—转移—经营	私人部门先垫资建设基础设施，完工后以约定好的价格移交给公共部门。公共部门再将该设施以一定的费用回租给私人部门，由私人部门经营该设施。私人部门这样做的目的是为了避免由于拥有资产的所有权而带来的各种责任或其他复杂问题	20—25 年
DBFO	Design–Build–Finance–Operate	设计—建造—投资—经营	DBFO 是英国 PFI 架构中最主要的模式，在该模式中，私人部门投资建设公共设施，通常也具有该设施的所有权。公共部门根据合同约定，向私人部门支付一定费用并使用该设施，同时提供与该设施相关的核心服务，而私人部门只提供该设施的辅助性服务。例如，私人部门投资建设某医院的各种建筑物，公共部门向私人部门支付一定费用使用建设好的医院设施，并提供门诊等主要公共服务，而私人部门负责提供饮食、清洁等保证该设施正常运转的辅助性服务	20—25 年

续表

模式名	英文含义	中文含义	简单说明	合同期限
PUO	Purchase-Upgrade-Operate	购买—更新—经营	私人部门购买现有基础设施，经过更新扩建后经营该设施，并永久拥有该设施的产权。在与公共部门签订的购买合同中注明保证公益性的约束条款，受政府管理和监督	永久
BOO	Build-Own-Operate	建设—拥有—经营	私人部门投资、建设并永久拥有和经营某基础设施，在与公共部门签订的原始合同中注明保证公益性的约束条款，受政府管理和监督	永久

上述这些模式中，容易引起混淆的是 DBO、DBTO、DBFO、BLOT、BOOT 以及 BOO，下面分别从投资、建设、经营、所有权四个方面来比较这些模式的异同，参见表 3-7。

表 3-7 几种容易混淆的 PPP 模式比较

比较项		DBO	DBTO	DBFO	BLOT	BOOT	BOO
投资	私人负责投资			P	P	P	P
	通过向用户收费收回投资		P		P	P	P
	通过政府付费收回投资	P		P			
建设	私人部门建设工程	P	P	P	P	P	P
经营	私人部门提供服务	P	P	P	P	P	P
所有权	公共部门永久拥有	P	P	P	视合同定		
	合同期间私人拥有					P	
	私人部门永久拥有						P

表 3-7 表明，这几种模式的相同之处在于公共设施的建设和经营均由私人部门负责，不同之处主要体现在投资关系和所有权关系两个方面。

3.5.1 其他分类方式简介

PPP 也可以从其他角度来分类。例如，按合作双方扮演的角色重要程度可以划分为政府主导型、共同协商型和私人主导型；按照 PPP 适用对象可以分为适用于已有设施、扩建已有设施和新建设施三类。参见表 3-8 和表 3-9。

表 3-8 PPP 按合作双方的角色分类

PPP 类型	示例模式
政府主导型	DB、O&M 等各种外包类 PPP 模式
共同协商型	DBFO、DBTO、LUOT、PUOT、BLOT、BOOT
私人主导型	PUO、BOO

表 3-9 PPP 按适用对象分类

PPP 类型	示例模式
适用于已有设施	服务外包、管理外包、O&M
适用于扩建已有设施	LUOT、PUOT、PUO
适用于新建设施	DB、DBMM、DBO、DBFO、DBTO、BOOT、BOO

3.5.2 切合中国轨道交通项目的两种 PPP 创新模式

各国在推行 PPP 时会结合自身特点加以创新，从而衍生出更多更灵活的新模式。因而，PPP 是一个动态的、不断演变进化的概念范畴，而 PPP 的分类也不是固定不变的。笔者结合中国实际和轨道交通建设的行业特点，探索研究了两种切合中国轨道交通项目的 PPP 模式，按政府对项目进行资金支持的不同阶段分为前补偿模式和后补偿模式。

3.5.2.1 前补偿模式（SB-O-T）

前补偿模式即 SB-O-T（Subsidize in Building-Operate-Transfer），又称建设期补偿模式。其具体做法是把一个地铁项目分为两个部分：车站、轨道和洞体等土建工程的投资和建设，由政府出资的投资公司来完成；车辆、信号等资产的投资、运营和维护，吸引社会投资组建的 PPP 项目公司来完成。政府部门与 PPP 公司签订特许经营协议，在项目的成长期，政府将其投资所形成的资产无偿或以象征性的价格租赁给 PPP 项目公司，为 PPP 项目公司实现正常投资收益提供保障；在项目的成熟期，为回收部分政府投资，同时避免 PPP 项目公司产生超额利润，将通过调整租金的形式，政府投资公司参与收益的分配；在项目特许期结束后，PPP 项目公司无偿将全部资产移交给政府或续签经营合同。

此模式结合了 BLOT 和 LUOT 两种模式的特点，把项目的投资分为公益性和盈利性两部分，公益性部分由政府投资，盈利性部分吸引社会投资，从而扩大资金来源，降低投资风险。其难点在于相关法律法规、操作规则还不够完善，并相应增加部分中介费用。

3.5.2.2 后补偿模式（B-SO-T）

后补偿模式即 B-SO-T（Build-Subsidize in Operation-Transfer），又称运营期补偿模式。其具体做法是按照目前国内固定资产投资项目的资本金制度，公共部门企业与民营企业共同出资组建项目有限责任公司，负责地铁新线项目的投资、建设和运营。政府部门以预测客流量和实际票价为基础，预先核定项目公司的运营成本和收入，对产生的运营亏损给予相应补贴。在项目投入运营后，当实际发生客流量比预测客流量增加或减少的幅度超过一定比例，假定为2.41%（运营期内客流量的年均增长率）时，超过部分所形成的损益，由政府和项目公司按一定比例共同享有或承担，即相应增加或抵扣项目公司年度政府运营补给。预测客流量每三年作为一个调整期，当第三年的实际发生客流量比预测客流量增减的幅度超过2.41%，对以后年度的预测客流量进行调整。特许期结束后，企业同样要将项目全部资产无偿移交给政府。

此模式在国内现行政府补贴制度基础上，结合我国基础设施多元化市场融资的实际，克服了保固定回报率政策的难点，进行了大量创新，具有一定优点和适用性。其实质是在项目的运营过程中，通过科学合理的补偿和一定的激励约束机制，保证项目的良性运转，达到项目公益性和经营性的统一。此模式也适用于政府引进其他境内外运营商参与地铁运营管理，为打破垄断、建立适度竞争的运营格局提供了可操作的模型。此模式对于垄断经营条件下政府如何建立科学合理的补贴机制也具有现实意义。两年来，北京地铁对这两种PPP模式的具体实施进行了较为深入的研究：一是政府部门需要制定的一系列规则及支持条件，例如票价政策、项目的建设—运营—移交规则等；二是企业参与PPP项目需要明确的客流预测、财务模型和服务标准等；三是合作双方如何建立风险分配机制、明确责任义务关系和监管规则等。只有在上述三方面制订一整套合理的解决方案，才能使公私合伙制在轨道交通项目中具体可操作，实现项目的公益性和盈利性的对立统一。

4 政府和社会资本合作的管理机构

4.1 政府和社会资本合作管理机构的设立原因

所谓PPP管理机构（PPP Units）是指由各国政府或其所辖行政部门设立的，旨在促进公私伙伴关系持续、健康发展的机构统称。具体到每个国家，则称谓各异，如："PPP促进中心""PPP知识中心""PPP促进办公室""PPP工作小组""PPP政策中心""PPP秘书处""效率促进机构"，等等。为了行文方便，这里将统一使用"公私伙伴关系促进中心"一词。分析各国设立公私伙伴关系促进中心的原因，首先需要了解政府部门运用公私伙伴关系模式的政策目标，以及成功实施公私伙伴关系项目应当具备哪些能力等。各国运用公私伙伴关系模式要达到的政策目标主要包括：提高公共部门的管理绩效；最大限度地节约项目成本；将项目风险转移至私人部门；提高公共项目或服务的质量；实现公共支出社会经济效益的最大化等。而实现这些政策目标并非易事，政府部门需要具备运筹和管理公私伙伴关系项目的多种能力，如：公私伙伴关系政策与战略的制定；项目的设计与甄别；项目可行性分析；项目管理；合同管理，以及政府债务风险控制等。实践表明，在推动公私伙伴关系发展的过程中，许多国家并不完全具备这些能力，并导致了一系列的政府"失灵"问题，如：对公私伙伴关系模式运用激励失当；各行政机构（或采购机构）之间缺乏协调；缺乏管理公私伙伴关系的技能；项目交易成本高；决策信息不充分等。由于不同国家所面临的"失灵"问题各不相同，因此，许多国家都针对本国的具体情况设立了专门的公私伙伴关系促进中心，同时，规定其以下的具体工作目标：拟定公私伙伴关系政策；协调各方关系；制定公私伙伴关系的标准化流程；管理项目质量；向公私伙伴关系双方提供技术援助；开发与推广项目；促进项目信息交流等。借此帮助政府纠正项目实施过程中遇到的各种"失灵"难题。

公私伙伴关系模式的产生是现代政府职能转变的一个重要标志，也是实践"新公共管理理论"的工具。一般而言，基础设施属于公共品或准公共品，需要由政府来承担供应之责，但其提供模式有传统与现代之分。在传统采购模式下，政府通过设立专门的机构，直接负责基础设施的建设事宜，并集建设、运营、管理等职能于一身。这种传统模式曾盛行于整个 20 世纪，至今仍流行于某些国家。进入 21 世纪以后，很多国家开始对基础设施的建设、运营、管理等职能进行分离，并创立了提供公共产品的现代模式——公私伙伴关系模式。在现代模式下，政府将部分基础设施的建设、运营、维护等职能转移至私人部门，不再直接插手其过程。取而代之的是，政府在保留基础设施建设总体规划、需求评估、项目审批、质量控制等职能的同时，强化了对基础设施建设、运营过程的监管。公私伙伴关系不仅过程复杂，而且专业性极强，所以，政府需要借助公私伙伴关系促进中心来实现其政策目标。

4.2 政府和社会资本合作管理机构的基本发展趋势

1999 年，英国公私伙伴关系促进中心（PUK）正式建立。以此为标志，许多国家都建立了适合本国国情的各类公私伙伴关系促进中心。由于英国是国际上最先设立公私伙伴关系促进中心的国家之一，所以，成了其他国家的主要学习对象。同时，英国公私伙伴关系促进中心也设立了专门的咨询机构，为其他国家提供帮助。澳大利亚维多利亚州和新南威尔士州则是世界上两个最早设立公私伙伴关系促进中心的地方性政府。其中，由于维多利亚公私伙伴关系促进中心（Partnerships Victoria）运行得比较成功，也成了很多国家模仿的对象。在设立公私伙伴关系促进中心的过程中，各国相互借鉴经验是避免不了的。如，加拿大卑诗省公私伙伴关系促进中心（PBC）是在咨询和研究英国公私伙伴关系促进中心、维多利亚公私伙伴关系促进中心的基础上建立的；而加拿大安大略省公私伙伴关系促进中心（Infrastructure Ontario）又是在咨询和借鉴英国公私伙伴关系促进中心、卑诗省公私伙伴关系促进中心的基础上成立的；葡萄牙公私伙伴关系促进中心（Parpublica SA）是在借鉴英国、意大利、荷兰等国经验的基础上设立的。

截至目前，国际上已有 40 多个国家和地区相继设立了公私伙伴关系促进中心，其中既包括英、法、德、意、日等主要发达国家，也涵盖印度、南非、斐济、毛里求斯等众多发展中国家（部分国家设立公私伙伴关系促进中心的时间见表 4-1）。

表 4-1 主要国家公私伙伴关系促进中心的设立时间

国家	机构名称 中文	机构名称 英文	层级/主管部门	成立时间
英国	英国 PPP 促进中心/ 英国基础设施中心	Partnerships UK/ Infrastructure UK	中央/财政部	1999 2010
澳大利亚	维多利亚 PPP 促进中心	Partnerships Victoria	地方/财政厅	2000
	新南威尔士 PPP 促进中心	New South Wales	地方/财政厅	2000
	南澳大利亚 PPP 促进中心	Partnerships SA	地方/财政厅	2001
南非	财政部 PPP 促进中心	National Treasury PPP Unit	中央/财政部	2000
荷兰	PPP 知识中心	PPP Knowledge Center		2000
日本	私人融资计划促进办公室	PFI Promotion Office	中央/内阁	2000
意大利	项目融资技术中心	Project Finance Technical Unit		1999
比利时	福兰德公私伙伴关系知识中心	Flemish PPP Knowledge Center	地方	2002
毛里求斯	财政部 PPP 促进中心	MOFED PPP Unit	中央/财政部	2002
加拿大	卑诗省 PPP 促进中心	Partnership BC	地方/省财政厅	2002
	安大略省 PPP 促进中心	Infrastructre Ontario	地方/省基础设施厅	2006
爱尔兰	中央公私伙伴关系政策中心	The central PPPPolicy Unit	中央/公共支出与改革部	2003
以色列	财政部 PPP 促进中心	MoF PPP	中央/财政部	2003
韩国	基础设施投资管理中心	Public Private Infrastructure Management Center	韩国战略发展研究院	2003
葡萄牙	葡萄牙 PPP 促进中心	Parpublica SA	中央/财政部	2003
新加坡	财政部公私伙伴关系政策中心	MoF PPP Policies	中央/财政部	2004
法国	财政部 PPP 促进中心	MAPPP	中央/经济财政与工业部	2004
中国	香港特别行政区政府效率促进机构	Efficiency Unit	地方/特区政府	2005
斯洛伐克	财政部 PPP 促进中心	MoF PPP	中央/财政部	2005
印度	财政部 PPP 促进中心	MoF PPP Unit	中央/财政部	2006
希腊	公私伙伴关系秘书处	The Special Secretariat for PPP	中央/财政部	2006
德国	德国 PPP 促进中心	PartnershipsGermany		2009

在全球范围内，相对于公私伙伴关系模式的创立，公私伙伴关系促进中心存在的时间并不长，只有 10 多年的历史。由于各国具体国情不同，其公私伙伴关系促进中心的发展路径也不相同。一般而言，单一制国家首先是在中央层面设立公私伙伴关系促进中心，联邦制国家则相反，首先并不存在全国性（国家级的）的公私伙伴关系促进中心，而由其地方政府根据各自的需要来决定是否建立地方性的机构，如，澳大利亚、加拿大等国即是如此，随后才设立全国性的机构。但从目前各国积极推动公私伙伴关系发展的过程来看，建立全国性的公私伙伴关系促进中心已是一个普遍趋势，因为即使是原来仅建立地方性机

构的澳大利亚、加拿大等国，现在也建立了全国性的公私伙伴关系促进中心。

4.3 政府和社会资本合作管理机构的治理模式比较

PPP 管理机构的治理模式涉及设置模式、职能定位、隶属关系、经费来源等四大方面。

4.3.1 设置模式比较

纵观各国公私伙伴关系促进中心的演变过程，其设置模式可分为四大主要类型：

(1) "内置"模式，即在政府现行职能部门内增设一个业务单元。在此模式下，公私伙伴关系促进中心属于政府行政部门的一个组成部分，由于受人员编制的限制，此模式下的公私伙伴关系促进中心规模不可能太大，其业务的开展还需借助外部咨询顾问的支持，如，南非财政部公私伙伴关系促进中心即属于此类型的机构。

(2) "外置"模式。由政府设立一个全资拥有的公司承担公私伙伴关系促进中心的职能。在此模式下，一般都是由政府独资设立相应的公司，如，加拿大卑诗省公私伙伴关系促进中心（PBC）、加拿大安大略省公私伙伴关系促进中心（Infrastructure Ontario）、孟加拉基础设施投资促进中心（Infrastructure Investment Facilitation Center）等都是由地方政府或中央政府全资拥有的公司。

(3) "伙伴关系"模式。由政府与私人部门建立合伙公司。英国公私伙伴关系促进中心（PUK）即属此类型的机构。在此模式下，合伙公司依其提供的服务或工作绩效向客户收取费用。另外，在印度，也有少数地方政府与私人金融机构建立了类似的机构。

(4) 其他。还有一些国家（如乌拉圭、秘鲁等）通过专门的立法，设立"投资促进局"来承担公私伙伴关系促进中心的职能。另有一些国家（牙买加、墨西哥）则是通过国家开发银行来履行其公私伙伴关系促进中心职能的。

在上述四种设立模式中，(1) 类和 (2) 类属于目前的主流模式。随着英国伙伴关系(PUK) 改革重组为英国基础设施中心（IUK）后，(3) 类将日渐式微。(4) 类也仅为少数国家所采用。

4.3.2 功能定位比较

目前在国际上，大多数国家公私伙伴关系促进中心所承担的职能可归为两大类：一是审查职能；二是服务职能。审查就是对公私伙伴关系项目的规划方案进行核查，确保其不偏离政府的政策目标；而服务则是向政府职能部门或项目采购机关提供技术及资金援助，确保公私伙伴关系项目能够按时、按质地完工。公私伙伴关系促进中心职能的履行又体现在四个关键环节上：项目方案规划（Business Planning）、项目招投标（Project Procuring）、项目执行（Project Implement）、市场培育（Market Development）等。由于每个国家的国情不同，所以，这种体现方式又会有所差异（表4-2）。

表4-2 公私伙伴关系促进中心在项目各环节中的具体职能

	英国 公私伙伴关系促进中心/基础设施中心	南非 财政部 公私伙伴关系促进中心	加拿大 卑诗省 公私伙伴关系促进中心	法国 MAPPP
项目方案规划阶段				
# 项目可研报告评估	是	是	是	是
# 项目方案审查	是	是	是	是
# 项目审批	否	否	否	否
# 向审批机构提供咨询意见	是	是	是	是
# 帮助政府选择顾问	是	是	是	是
项目招投标阶段				
# 设计项目合同文本	是	是	是	是
# 顾问服务	是	是	是	是
# 标书评估	是	是	是	是
项目执行阶段				
# 项目管理	是	否	否	否
# 融资服务	是	否	否	否
# 技术援助	是	是	是	是
市场培育阶段 *1				
# 经验共享	是	是	是	是
# 政策制订	是	是	是	否
# 合作关系管理	是	是	是	否
# 项目市场拓展 *2	是	是	是	是

说明：*1："市场培育"是指各种旨在改善公私伙伴关系环境的活动或措施。*2："项目市场拓展"是指各种引导私人投资者进入基础设施建设领域，积极参与招投标活动的措施。

无论各国赋予其公私伙伴关系促进中心的具体职能有何不同，它们设立公私伙伴关系促进中心的初衷都是相同的，即：通过公私伙伴关系促进中心的高效运行，以推动公私伙伴关系健康、持续地发展。同时，公私伙伴关系促进中心职能的进一步完善也将始终围绕着这一初衷而展开。

4.3.3 隶属关系比较

政府主管部门的选择是决定公私伙伴关系促进中心能否成功运行的关键性环节，同时，也影响着公私伙伴关系促进中心与其他政府职能部门沟通协调的能力。从国际实践来看，在中央级层面设立的公私伙伴关系促进中心，其行政主管部门既有内阁办公室（日本）、总统办公室（菲律宾，2002 年以前），也有财政部（英国、南非），还有其他政府职能部门（波兰、丹麦）。最后，还有一种情况就是相对独立于行政部门而存在（德国、韩国）。截至 2009 年年底，有半数以上的经合组织国家（OECD）或在国家层面或在地方层面都设立了公私伙伴关系促进中心，其中，又有很多国家选择财政部作为其公私伙伴关系促进中心的主管部门（见表 4-3）。尤其是在公私伙伴关系模式刚刚建立或引进之初，以财政部作为主管部门更易发挥公私伙伴关系促进中心的组织协调能力。在公私伙伴关系促进中心的 5 种设立模式中，无论是采用内设于政府职能部门的模式，还是选择新设公司的模式，大多数情况下，都需接受财政部门的直接领导。如，英国基础设施中心、南非公私伙伴关系促进中心、法国公私伙伴关系促进中心等均为各自国家财政部下辖的业务机构。另外，以公司形态设立的加拿大卑诗省公私伙伴关系促进中心，其大股东就是卑诗省财政厅。即使是改组前的英国公私伙伴关系促进中心，虽然采用公私合伙制的形式设立，但其运行仍要接受英国财政部的指导。

从逻辑关系上讲，凡预算都需经由财政部的审核或批准，同样，涉及公共工程支出的核准事项也不可能避开财政部"绕道"而行。因此，在财政部的统辖之下，公私伙伴关系促进中心更易于与其他政府职能部门就公私伙伴关系项目进行协调，促使它们将公私伙伴关系模式纳入到各自的部门战略之中去。

表 4-3　OECD 国家公私伙伴关系促进中心的隶属关系（2009 年）

国家/机构	财政部	其他政府职能部门	独立机构
英国 Infrastructure UK	●		
法国 MAPPP	●		
意大利 Project Finance Technical Unit	●		
爱尔兰 Central PPP Policy Unit	●		
希腊 Special Secretariat for PPP	●		
比利时① Flemish PPP Knowledge Center	●		

---

① 此处指比利时地方性（福兰德区）的公私伙伴关系促进中心。

续表

国家/机构	财政部	其他政府职能部门	独立机构
荷兰 PPP Knowledge Center	●		
葡萄牙 Parpublica SA	●		
日本 PFI Promotion Office		●（内阁办公室）	
匈牙利 PPP Secretariat		●（国家经济与交通部）	
澳大利亚 InfrastructureAustralia		●（国家基础设施部）	
波兰 PPP Task Force		●（国家基础设施部）	
丹麦 Danish PPP Unit		●（国家商业与经济事务部）	
德国[①] PartnershipsGermany			●
韩国[②] Public Private Infrastructure Management Center			●
合计	15	8	5	2

4.3.4 经费来源及人员构成比较

一般而言，各国公私伙伴关系促进中心的运行经费主要有三个来源：一是通过正常的政府预算拨付；二是收取顾问费；三是前两类方式的组合。多数情况下，经费来源与公私伙伴关系促进中心的设置模式或行政隶属关系有关。在"内置"模式下，公私伙伴关系促进中心均隶属政府某一部门，因是政府部门的组成部分，其经费自然由政府预算拨付（如，南非财政部公私伙伴关系促进中心）；在"外置"模式下，公私伙伴关系促进中心属于政府设立的独资公司，其经费既有通过向客户收费解决的（加拿大卑诗省公私伙伴关系促进中心 PBC），也有政府预算拨款的（加拿大安大略省公私伙伴关系促进中心 IO）。在"伙伴关系"或其他模式下，公私伙伴关系促进中心的经费一般是通过收费来解决（如，德国公司伙伴关系促进中心 PG）。在韩国，其公私伙伴关系促进中心（PIMAC）属于财政部全额拨款单位，同时，该中心额外的经费所需也可以部分地通过收取顾问费的方式来解决，但事先必须征求财政部的意见。

另外，为了更好地履行既定职能，公私伙伴关系促进中心还需要组建一支专家型的员工队伍，其员工需在以下各个方面具备相应的专业知识和技能：行业（部门）、财务、法律、融资、监管、采购、谈判、培训等。这些方面的专业人才既可自己培养，也可从外部聘请。但吸引他们的加入，需要公私伙伴关系促进中心能够提供具有竞争性的薪酬待遇。由于各国公私伙伴关系模

[①] 这里指由德国公共部门与私人部门共同设立的机构。
[②] 该机构隶属韩国战略发展研究院。

式所处的发展阶段不同,所以,每个国家公私伙伴关系促进中心的具体员工数量也不相同。2009年,澳大利亚维多利亚州公私伙伴关系促进中心(Partnerships Victoria)的人数为12,英国财政部公私伙伴关系政策小组(PPP Policy Team)的人数为13,德国公私伙伴关系促进中心(Partnerships Germany)的人数为21,南非财政部公私伙伴关系促进中心(South Africa's PPP Unit)的人数为22,韩国公私伙伴关系促进中心(PIMAC)的人数为77(见表4-4)。如何解释各国公私伙伴关系促进中心人数的多寡?除了上述已经提及的发展阶段不同外(一般而言,公私伙伴关系模式存在比较早或运行比较成功的国家,其人数相对较少,反之,人数则较多),还与有关国家的政体有关,如,德国属于联邦制国家,其很多州也设立有自身的公私伙伴关系促进机构,无需完全寻求联邦机构——德国公私伙伴关系促进中心(Partnerships Germany)的帮助,所以,联邦层面的机构人数就较少。而韩国则属例外,韩国公私伙伴关系促进中心(PIMAC)严格地讲应称为"基础设施投资管理中心",其既负责为公私伙伴关系项目提供顾问服务,也为其他政府投资项目提供顾问服务,只是有半数以上的人(42)在负责公私伙伴关系项目而已。

表4-4 部分国家公私伙伴关系促进中心的经费来源及员工人数(2009年)

	经费来源	年度预算(百万欧元)	员工人数(个)
澳大利亚维多利亚州(Partnerships Victoria)	政府预算	N/A	12
英国(PPP Policy Team)	政府预算	N/A	13
德国(Partnerships Germany)	服务收费	N/A	21
南非(South Africa's PPP Unit)	政府预算	3.1	20
韩国(PIMAC)	政府预算+服务收费	9.56	77

说明:①员工人数包括:管理人员、专家,以及后勤支持人员。②英国数据仅指公私伙伴关系政策小组的数据,不包括英国公私伙伴关系促进中心(PUK)等。③韩国的相关数据不仅涉及公私伙伴关系项目,也包括其他政府项目。

4.4 中国政府和社会资本合作管理机构

公共项目行政管理部门,从现状来说,我国谁是公共项目的发起的政府管理部门?从新中国成立初的"一五"规划到改革开放后的"十二五"规划,按2004年《国务院关于投资体制改革的决定》国发〔2004〕20号文件规定:

"国家发展和改革委员会要在国务院领导下会同有关部门,按照职责分工,密切配合、相互协作、有效运转、依法监督,调控全社会的投资活动,保持合理投资规模,优化投资结构,提高投资效益,促进国民经济持续快速协调健康发展和社会全面进步。"主管国家级项目立项是国家发展改革委员会,地方公共项目是地方政府的发展改革委员会管理,从项目初步立项、可行性研究、概算与预算方案等都在这个部门报批准备资料。参与发起的主要政府部门为政府政治目的机构、发改委、财政部门和行业专业部门等。

国际经验:在英国、澳大利亚等英联邦体系国家,大部分是在财政部内设立公共项目管理部门或PPP管理部门,另外,在德国、韩国、新加坡、美国等并未能设置在财政管理部门,我国香港特区也没有设置在政府财政司,而是专门在政府领导下设立PPP促进中心,做得非常有成效。英国特征:议会制审议项目,公共事务委员会决定是否PPP,财政部PPP资金管理,重要的是英国的市场经济的私有制、长期建立完善的专业咨询机构环境,所以财政部并不承担公共项目是否决定用PPP,或公共项目的发起者角色,这才是重要的。机构设置的本质是能够有效的去与私人企业建立公共项目的伙伴关系。其理论与改革的实践建立在以下方面:一是"后新公共管理"理论基础,即政府对公共项目投资是以公平、正义和公众参与为原则,公共项目投资为公众创造价值的理念;二是前英国首相布莱尔依据理论基础实施的英国政府的从纵向到横向的变革政府公共项目公私合作运行机制。因此,英国PPP成功的经验是政府科学理解PPP概念、创新PPP运行机制和公众的全体参与。我国PPP机构设立在哪儿并不是设立政府部门的名称、职能,而取决于科学确定的基本原则。

机构设置在何种部门,国际的、国内的经验都应借鉴,更重要的是取决于以下因素:①如何认识后新公共管理理论的公共项目性质;②如何科学理解PPP概念;③国家与地方的行政管理体制与机制实际情况;④部门在整个行政体系的协调能力;⑤成本与效益原则;⑥设立的PPP专业环境因素如专业的、独立的和公信力的PPP咨询机构、法律机构和专业技术机构等。

原因解释:中国在设立某一政府机构时,是否需要有科学论证、有科学方案、经过规范设立机制,最终明确PPP到底要做什么事。从财政部副部长讲话,到现在机构就设立在财政部。依据有四点:依据一是英国等国家案例设立在财政部,所以我国就设立财政部,其依据可信吗?地方地府也是唯一依据。依据二是财政体制改革,建设新型公共投资体制。是对的,但是这种观念落后,PPP不仅是财政部的职能改革,更重要的是中央政府公共项目投资管理体系的改革,也涉及地方政府公共项目投资管理体制改革,是政府系统改革工程,不知财政部能否承担整体政府体系改革职能呢?依据三,是政府公共服务改革,划清政府与市场边界。理论上没有问题,但理论的依据就太落后了,PPP本质上实现公私伙伴关系,生产性投资与公共基础设施的投资边界是清晰的,但在合作伙伴关系上却需要紧密结合,财政部门长期职能并不是没有这样的事权、实践经历和经验,看来要白手起家了,办培训班、招人和合资。依据四是新型城镇化建设载体。这是从中央到地方政府行政体系的事,当然包括财政部门,但从全局来说,党和政府的统一领导、各行政部门通力协调是实现新型城镇化的关键,而非某一政府职能部门。

因而,按现行《国务院关于投资体制改革的决定》国发〔2004〕20号文件规定,由国务院主管投资部门主管公共项目立项、审批、核准和备案,那这国家和地方主管的公共项目投资管理部门是财政部门,还是发展改革委员会呢?或是几个部门联合办公,或实施"一站式办公"。因此,设立PPP全国性协调机构,一定需要科学论证,而非某一政府官员一句话就决定了。如果盲目决策,必然导致PPP在目前的发展情况下出现相关问题,而且带来巨大的社会风险和制度风险。

为此,提出以下建议供参考。

第一,从公共项目性质考虑,作为政府公共管理责任与义务,受托与公众的管理权,这一委托代理应由立法机构确定授权的责任政府部门,而非部门自行决定或行政部门决定。

第二,PPP模式不仅是公共项目供给方式,也不仅是投资体制改革,而是涉及整体政府公共项目管理体制与机制,包括政府行政管理体制、公共投资体制、公共财政体制、金融税收体制等。而某一个方面,它又涉及政府管理体系系统改革,需要有一个相对高于一般行政职能部门的地位。

第三,各国国情不同,体制与制度不同,政府设置也不相同。因此应在明确PPP服务目标的基础上,依据本国国情实际情况,科学设立。

第四,设立什么形式,还取决于科学的设立政府部门成本与效益比较、行政管理效能的比较、经济管理职能的比较等。专业的、独立的和公信力强的PPP专业机构、专业技术机构、法律咨询、会计或审计机构等。我国目前市场发育专业咨询机构缺乏，专业的PPP政府机构、PPP项目、PPP市场等法律法规缺乏，虽有市场的法律、会计、审计等社会化咨询，但对PPP专业行为仍严重缺乏专业观念、思维和知识，以及特别专业的职业道德。

我国PPP改革建议。

（1）PPP机构设立目的是为公共项目公私合作建立良好的伙伴关系；

（2）机构运行机制是公平与效率结合，实现公私合作的资源配置；

（3）机构设置实施方案，摸着石头过河、边实践、边总结，节约管理成本、提升管理效率，减少人员变更或新增更多人员（除非专业的PPP复合型人才除外）主要有两种：①在发展改革委员会下设PPP政府协调中心（相对设立在财政部门内）。从改革初期，按国发〔2004〕20号文，第四条规定设立在发改委。优点是长期具有公共项目发起经验，机构成本最低，行政管理效率相对高。PPP项目特性：主要基础设施建设工程项目，需要建筑类技术管理复合型管理人才。也需要PPP专业、行业项目管理经验丰富，项目行政协调能力强，专业咨询管理部门。即便是设立在某个部委，也必须在政府下单独成立政府领导小组，领导全局改革，协调各方利益关系。②单独设立全国PPP协调中心（香港模式），这是独立于所有政府职能部门模式，它可以从发改委、财政、金融等部门，通过处室调整、组合或合并组建。这一模式效率高，成本相对高。

5 附　录

附录 1

国务院关于加强地方政府性债务管理的意见

国发〔2014〕43号

各省、自治区、直辖市人民政府，国务院各部委、各直属机构：

为贯彻落实党的十八大和十八届三中全会精神，按照新修订的预算法，改进预算管理，实施全面规范、公开透明的预算制度，现就深化预算管理制度改革作出如下决定。

一、充分认识深化预算管理制度改革的重要性和紧迫性

建立与实现现代化相适应的现代财政制度，对于优化资源配置、维护市场统一、促进社会公平、实现国家长治久安具有重要意义。改革开放以来，特别是1995年预算法及预算法实施条例施行以来，在党中央、国务院的正确领导下，我国财政制度改革取得显著成效，初步建立了与社会主义市场经济体制相适应的公共财政制度体系，作为公共财政制度基础的预算管理制度也不断完善，为促进经济社会持续健康发展发挥了重要作用。

当前，我国已进入全面建成小康社会的关键阶段。随着经济社会发展，现行预算管理制度也暴露出一些不符合公共财政制度和现代国家治理要求的问题，主要表现在：预算管理和控制方式不够科学，跨年度预算平衡机制尚未建立；预算体系不够完善，地方政府债务未纳入预算管理；预算约束力不够，财政收支结构有待优化；财政结转结余资金规模较大，预算资金使用绩效不高；预算透明度不够，财经纪律有待加强等，财政可持续发展面临严峻挑战。

党的十八届三中全会确立了全面深化改革的总目标，并对改进预算管理制度提出了明确要求,今年《政府工作报告》也作出了部署。贯彻落实党的十八届三中全会精神和国务院决策部署,深化预算管理制度改革,实施全面规范、公开透明的预算制度,是深化财税体制改革,建立现代公共财政制度的迫切需要;是完善社会主义市场经济体制,加快转变政府职能的必然要求;是推进国家治理体系现代化,实现国家长治久安的重要保障。

二、准确把握深化预算管理制度改革的总体方向

(一)指导思想。

深化预算管理制度改革,要以邓小平理论、"三个代表"重要思想、科学发展观为指导,全面贯彻党的十八大和十八届三中全会精神,落实党中央、国务院决策部署,按照全面深化财税体制改革的总体要求,遵循社会主义市场经济原则,加快转变政府职能,完善管理制度,创新管理方式,提高管理绩效,用好增量资金,构建全面规范、公开透明的预算制度,进一步规范政府行为,防范财政风险,实现有效监督,提高资金效益,逐步建立与实现现代化相适应的现代财政制度。

(二)基本原则。

遵循现代国家治理理念。按照推进国家治理体系和治理能力现代化的要求,着力构建规范的现代预算制度,并与相关法律和制度的修订完善相衔接。健全财政法律制度体系,注重运用法律和制度规范预算管理,提高政府公共服务水平。

划清市场和政府的边界。凡属市场能发挥作用的,财税等优惠政策要逐步退出;凡属市场不能有效发挥作用的,政府包括公共财政等要主动补位。

着力推进预算公开透明。实施全面规范、公开透明的预算制度,将公开透明贯穿预算改革和管理全过程,充分发挥预算公开透明对政府部门的监督和约束作用,建设阳光政府、责任政府、服务政府。

坚持总体设计、协同推进。既要注重顶层设计,增强改革的系统性、整体性、协同性,又要考虑外部环境和制约因素,实现与行政管理体制改革的有序衔接,合理把握改革的力度和节奏,确保改革顺利实施。

三、全面推进深化预算管理制度改革的各项工作

(一)完善政府预算体系,积极推进预算公开。

1.完善政府预算体系。明确一般公共预算、政府性基金预算、国有资本经营预算、社会保险基金预算的收支范围，建立定位清晰、分工明确的政府预算体系，政府的收入和支出全部纳入预算管理。加大政府性基金预算、国有资本经营预算与一般公共预算的统筹力度，建立将政府性基金预算中应统筹使用的资金列入一般公共预算的机制，加大国有资本经营预算资金调入一般公共预算的力度。加强社会保险基金预算管理，做好基金结余的保值增值，在精算平衡的基础上实现社会保险基金预算的可持续运行。

2.健全预算标准体系。进一步完善基本支出定额标准体系，加快推进项目支出定额标准体系建设，充分发挥支出标准在预算编制和管理中的基础支撑作用。严格机关运行经费管理，加快制定机关运行经费实物定额和服务标准。加强人员编制管理和资产管理，完善人员编制、资产管理与预算管理相结合的机制。进一步完善政府收支分类体系，按经济分类编制部门预决算和政府预决算。

3.积极推进预决算公开。细化政府预决算公开内容，除涉密信息外，政府预决算支出全部细化公开到功能分类的项级科目，专项转移支付预决算按项目按地区公开。积极推进财政政策公开。扩大部门预决算公开范围，除涉密信息外，中央和地方所有使用财政资金的部门均应公开本部门预决算。细化部门预决算公开内容，逐步将部门预决算公开到基本支出和项目支出。按经济分类公开政府预决算和部门预决算。加大"三公"经费公开力度，细化公开内容，除涉密信息外，所有财政资金安排的"三公"经费都要公开。对预决算公开过程中社会关切的问题，要规范整改、完善制度。

（二）改进预算管理和控制，建立跨年度预算平衡机制。

1.实行中期财政规划管理。财政部门会同各部门研究编制三年滚动财政规划，对未来三年重大财政收支情况进行分析预测，对规划期内一些重大改革、重要政策和重大项目，研究政策目标、运行机制和评价办法。中期财政规划要与国民经济和社会发展规划纲要及国家宏观调控政策相衔接。强化三年滚动财政规划对年度预算的约束。推进部门编制三年滚动规划，加强项目库管理，健全项目预算审核机制。提高财政预算的统筹能力，各部门规划中涉及财政政策和资金支持的，要与三年滚动财政规划相衔接。

2.改进年度预算控制方式。一般公共预算审核的重点由平衡状态、赤字规模向支出预算和政策拓展。强化支出预算约束，各级政府向本级人大报告支出预算的同时,要重点报告支出政策内容。预算执行中如需增加或减少预算总支出,必须报经本级人大常委会审查批准。收入预算从约束性转向预期性,根据经济形势和政策调整等因素科学预测。中央一般公共预算因宏观调控政策需要可编列赤字,通过发行国债予以弥补。中央政府债务实行余额管理,中央国债余额限额根据累计赤字和应对当年短收需发行的债务等因素合理确定,报全国人大或其常委会审批。经国务院批准,地方一般公共预算为没有收益的公益性事业发展可编列赤字,通过举借一般债务予以弥补,地方政府一般债务规模纳入限额管理,由国务院确定并报全国人大或其常委会批准。加强政府性基金预算编制管理。政府性基金预算按照以收定支的原则,根据政府性基金项目的收入情况和实际支出需要编制;经国务院批准,地方政府性基金预算为有一定收益的公益性事业发展可举借专项债务,地方政府专项债务规模纳入限额管理,由国务院确定并报全国人大或其常委会批准。财政部在全国人大或其常委会批准的地方政府债务规模内,根据各地区债务风险、财力状况等因素测算分地区债务限额,并报国务院批准。各省、自治区、直辖市在分地区债务限额内举借债务,报省级人大或其常委会批准。国有资本经营预算按照收支平衡的原则编制,不列赤字。

3.建立跨年度预算平衡机制。根据经济形势发展变化和财政政策逆周期调节的需要,建立跨年度预算平衡机制。中央一般公共预算执行中如出现超收,超收收入用于冲减赤字、补充预算稳定调节基金;如出现短收,通过调入预算稳定调节基金、削减支出或增列赤字并在经全国人大或其常委会批准的国债余额限额内发债平衡。地方一般公共预算执行中如出现超收,用于化解政府债务或补充预算稳定调节基金;如出现短收,通过调入预算稳定调节基金或其他预算资金、削减支出实现平衡。如采取上述措施后仍不能实现平衡,省级政府报本级人大或其常委会批准后增列赤字,并报财政部备案,在下一年度预算中予以弥补;市、县级政府通过申请上级政府临时救助实现平衡,并在下一年度预算中归还。政府性基金预算和国有资本经营预算如出现超收,结转下年安排;如出现短收,通过削减支出实现平衡。

(三)加强财政收入管理,清理规范税收优惠政策。

1.加强税收征管。各级税收征管部门要依照法律法规及时足额组织税收收入,并建立与相关经济指标变化情况相衔接的考核体系。切实加强税收征管,做到依法征收、应收尽收,不收过头税。严格减免税管理,不得违反法律法规的规定和超越权限多征、提前征收或者减征、免征、缓征应征税款。加强执法监督,强化税收入库管理。

2.加强非税收入管理。各地区、各部门要依照法律法规切实加强非税收入管理。继续清理规范行政事业性收费和政府性基金,坚决取消不合法、不合理的收费基金项目。加快建立健全国有资源、国有资产有偿使用制度和收益共享机制。加强国有资本收益管理,完善国家以所有者身份参与国有企业利润分配制度,落实国有资本收益权。加强非税收入分类预算管理,完善非税收入征缴制度和监督体系,禁止通过违规调库、乱收费、乱罚款等手段虚增财政收入。

3.全面规范税收优惠政策。除专门的税收法律、法规和国务院规定外,各部门起草其他法律、法规、发展规划和区域政策都不得突破国家统一财税制度、规定税收优惠政策。未经国务院批准,各地区、各部门不能对企业规定财政优惠政策。各地区、各部门要对已经出台的税收优惠政策进行规范,违反法律法规和国务院规定的一律停止执行;没有法律法规障碍且具有推广价值的,尽快在全国范围内实施;有明确时限的到期停止执行,未明确时限的应设定优惠政策实施时限。建立税收优惠政策备案审查、定期评估和退出机制,加强考核问责,严惩各类违法违规行为。

(四)优化财政支出结构,加强结转结余资金管理。

1.优化财政支出结构。严格控制政府性楼堂馆所、财政供养人员以及"三公"经费等一般性支出。清理规范重点支出同财政收支增幅或生产总值挂钩事项,一般不采取挂钩方式。对重点支出根据推进改革的需要和确需保障的内容统筹安排,优先保障,不再采取先确定支出总额再安排具体项目的办法。结合税费制度改革,完善相关法律法规,逐步取消城市维护建设税、排污费、探矿权和采矿权价款、矿产资源补偿费等专款专用的规定,统筹安排这些领域的经费。统一预算分配,逐步将所有预算资金纳入财政部门统一分配。在此之前,负责资金分配的部门要按规定将资金具体安排情况及时报财政部门。

2.优化转移支付结构。完善一般性转移支付增长机制,增加一般性转移支付规模和比例,逐步将一般性转移支付占比提高到60%以上;明显增加对革命老区、民族地区、边疆地区和贫困地区的转移支付;中央出台增支政策形成的地方财力缺口,原则上通过一般性转移支付调节。要大力清理、整合、规范专项转移支付,在合理界定中央与地方事权的基础上,严格控制引导类、救济类、应急类专项转移支付,属地方事务的划入一般性转移支付。对竞争性领域的专项转移支付逐一进行甄别排查,凡属"小、散、乱"以及效用不明显的要坚决取消,其余需要保留的也要予以压缩或实行零增长,并改进分配方式,减少行政性分配,引入市场化运作模式,逐步与金融资本相结合,引导带动社会资本增加投入。对目标接近、资金投入方向类同、资金管理方式相近的专项转移支付予以整合。规范专项转移支付项目设立,严格控制新增项目和资金规模,建立健全专项转移支付定期评估和退出机制。加快修订完善中央对地方转移支付管理办法,对转移支付项目的设立、资金分配、使用管理、绩效评价、信息公开等作出规定。研究建立财政转移支付同农业转移人口市民化挂钩机制。在明确中央和地方支出责任的基础上,认真清理现行配套政策,对属于中央承担支出责任的事项,一律不得要求地方安排配套资金;对属于中央和地方分担支出责任的事项,由中央和地方按各自应分担数额安排资金。各地区要对本级安排的专项资金进行清理、整合、规范,完善资金管理办法,提高资金使用效益。

3.加强结转结余资金管理。建立结转结余资金定期清理机制,各级政府上一年预算的结转资金,应当在下一年用于结转项目的支出;连续两年未用完的结转资金,应当作为结余资金管理,其中一般公共预算的结余资金,应当补充预算稳定调节基金。各部门、各单位上一年预算的结转、结余资金按照财政部的规定办理。要加大结转资金统筹使用力度,对不需按原用途使用的资金,可按规定统筹用于经济社会发展亟需资金支持的领域。建立预算编制与结转结余资金管理相结合的机制,细化预算编制,提高年初预算到位率。建立科学合理的预算执行进度考核机制,实施预算执行进度的通报制度和监督检查制度,有效控制新增结转结余资金。

4.加强政府购买服务资金管理。政府购买服务所需资金列入财政预算,从部门预算经费或者经批准的专项资金等既有预算中统筹安排,支持各部门按有关规定开展政府购买服务工作,切实降低公共服务成本,提高公共服务质量。

(五)加强预算执行管理,提高财政支出绩效。

1.做好预算执行工作。硬化预算约束,年度预算执行中除救灾等应急支出通过动支预备费解决外,一般不出台增加当年支出的政策,一些必须出台的政策,通过以后年度预算安排资金。及时批复部门预算,严格按照预算、用款计划、项目进度、有关合同和规定程序及时办理资金支付,涉及政府采购的应严格执行政府采购有关规定。进一步提高提前下达转移支付预计数的比例,按因素法分配且金额相对固定的转移支付提前下达的比例要达到90%。加快转移支付预算正式下达进度,除据实结算等特殊项目外,中央对地方一般性转移支付在全国人大批准预算后30日内正式下达,专项转移支付在90日内正式下达。省级政府接到中央一般性转移支付或专项转移支付后,应在30日内正式下达到县级以上地方各级政府。规范预算变更,各部门、各单位的预算支出应当按照预算科目执行。不同预算科目、预算级次或者项目间的预算资金需要调剂使用的,按照财政部的规定办理。

2.规范国库资金管理。规范国库资金管理,提高国库资金收支运行效率。全面清理整顿财政专户,各地一律不得新设专项支出财政专户,除财政部审核并报国务院批准予以保留的专户外,其余专户在2年内逐步取消。规范权责发生制核算,严格权责发生制核算范围,控制核算规模。地方各级财政除国库集中支付年终结余外,一律不得按权责发生制列支。按国务院规定实行权责发生制核算的特定事项,应当向本级人大常委会报告。全面清理已经发生的财政借垫款,应当由预算安排支出的按规定列支,符合制度规定的临时性借垫款及时收回,不符合制度规定的借垫款限期收回。加强财政对外借款管理,各级财政严禁违规对非预算单位及未纳入年度预算的项目借款和垫付财政资金。各级政府应当加强对本级国库的管理和监督,按照国务院的规定完善国库现金管理,合理调节国库资金余额。

3.健全预算绩效管理机制。全面推进预算绩效管理工作,强化支出责任和效率意识,逐步将绩效管理范围覆盖各级预算单位和所有财政资金,将绩效评价重点由项目支出拓展到部门整体支出和政策、制度、管理等方面,加强绩效评价结果应用,将评价结果作为调整支出结构、完善财政政策和科学安排预算的重要依据。

4.建立权责发生制的政府综合财务报告制度。研究制定政府综合财务报告制度改革方案、制度规范和操作指南,建立政府综合财务报告和政府会计标准体系,研究修订总预算会计制度。待条件成熟时,政府综合财务报告向本级人大或其常委会报告。研究将政府综合财务报告主要指标作为考核地方政府绩效的依据，逐步建立政府综合财务报告公开机制。

（六）规范地方政府债务管理，防范化解财政风险。

1.赋予地方政府依法适度举债权限，建立规范的地方政府举债融资机制。经国务院批准，省、自治区、直辖市政府可以适度举借债务；市县级政府确需举借债务的由省、自治区、直辖市政府代为举借。政府债务只能通过政府及其部门举借，不得通过企事业单位等举借。地方政府举债采取政府债券方式。剥离融资平台公司政府融资职能。推广使用政府与社会资本合作模式，鼓励社会资本通过特许经营等方式参与城市基础设施等有一定收益的公益性事业投资和运营。

2.对地方政府债务实行规模控制和分类管理。地方政府债务规模实行限额管理，地方政府举债不得突破批准的限额。地方政府债务分为一般债务、专项债务两类，分类纳入预算管理。一般债务通过发行一般债券融资，纳入一般公共预算管理。专项债务通过发行专项债券融资，纳入政府性基金预算管理。

3.严格限定政府举债程序和资金用途。地方政府在国务院批准的分地区限额内举借债务，必须报本级人大或其常委会批准。地方政府举借债务要遵循市场化原则。建立地方政府信用评级制度，逐步完善地方政府债券市场。地方政府举借的债务，只能用于公益性资本支出和适度归还存量债务，不得用于经常性支出。

4.建立债务风险预警及化解机制。财政部根据债务率、新增债务率、偿债率、逾期债务率等指标，评估各地区债务风险状况，对债务高风险地区进行风险预警。债务高风险地区要积极采取措施，逐步降低风险。对甄别后纳入预算管理的地方政府存量债务，各地区可申请发行地方政府债券置换，以降低利息负担，优化期限结构。要硬化预算约束，防范道德风险，地方政府对其举借的债务负有偿还责任，中央政府实行不救助原则。

5.建立考核问责机制。把政府性债务作为一个硬指标纳入政绩考核。明确责任落实，省、自治区、直辖市政府要对本地区地方政府性债务负责任。地方各级政府要切实担负起加强地方政府性债务管理、防范化解财政金融风险的责任，政府主要负责人要作为第一责任人，认真抓好政策落实。

（七）规范理财行为，严肃财经纪律。

1. 坚持依法理财，主动接受监督。各地区、各部门要严格遵守预算法、税收征收管理法、会计法、政府采购法等财税法律法规，依法行使行政决策权和财政管理权，自觉接受人大监督和社会各界的监督。建立和完善政府决算审计制度，进一步加强审计监督。推进预算公开，增强政府理财工作的透明度，减少政府自由裁量权，让财政资金在阳光下运行。

2. 健全制度体系，规范理财行为。要健全预算编制、收入征管、资金分配、国库管理、政府采购、财政监督、绩效评价、责任追究等方面的制度建设，扎紧制度的篱笆。要规范理财行为，严格按照规范的程序和要求编报预决算，按规定的用途拨付和使用财政资金，预决算编报都要做到程序合法、数据准确、情况真实、内容完整。

3. 严肃财经纪律，强化责任追究。财经纪律是财经工作中必须遵守的行为准则，也是预算管理制度改革取得成效的重要保障。地方各级政府要对本地区各部门、各单位财经纪律的执行情况进行全面检查，通过单位自查、财政部门和审计机关专项检查，及时发现存在的问题。强化责任追究，对检查中发现的虚报、冒领、截留、挪用、滞留财政资金以及违规出台税收优惠政策等涉及违规违纪的行为，要按照预算法等法律法规的规定严肃处理。

四、切实做好深化预算管理制度改革的实施保障工作

深化预算管理制度改革涉及制度创新和利益关系调整，任务艰巨，面临许多矛盾和困难。各地区、各部门要从大局出发，进一步提高认识，把思想和行动统一到党中央、国务院的决策部署上来。要以高度的责任感、使命感和改革创新精神，切实履行职责，加强协调配合，认真落实各项改革措施，合力推进预算管理制度改革。要坚持于法有据，积极推进相关法律法规的修改工作，确保在法治轨道上推进预算管理制度改革。本决定有关要求需要与法律规定相衔接的，按法律规定的程序做好衔接。要加强宣传引导，做好政策解读，为深化预算管理制度改革营造良好的社会环境。财政部要抓紧制定深化预算管理制度改革的具体办法，印发各地区、各部门执行。各地区要结合本地实际情况制定具体政策措施和工作方案，切实加强组织领导，确保改革顺利实施。

国务院

2014 年 9 月 26 日

附录 2

政府和社会资本合作项目政府采购管理办法

财库〔2014〕215 号

第一章 总则

第一条 为了规范政府和社会资本合作项目政府采购（以下简称 PPP 项目采购）行为，维护国家利益、社会公共利益和政府采购当事人的合法权益，依据《中华人民共和国政府采购法》（以下简称政府采购法）和有关法律、行政法规、部门规章，制定本办法。

第二条 本办法所称 PPP 项目采购，是指政府为达成权利义务平衡、物有所值的 PPP 项目合同，遵循公开、公平、公正和诚实信用原则，按照相关法规要求完成 PPP 项目识别和准备等前期工作后，依法选择社会资本合作者的过程。PPP 项目实施机构（采购人）在项目实施过程中选择合作社会资本（供应商），适用本办法。

第三条 PPP 项目实施机构可以委托政府采购代理机构办理 PPP 项目采购事宜。PPP 项目咨询服务机构从事 PPP 项目采购业务的，应当按照政府采购代理机构管理的有关要求及时进行网上登记。

第二章 采购程序

第四条 PPP 项目采购方式包括公开招标、邀请招标、竞争性谈判、竞争性磋商和单一来源采购。项目实施机构应当根据 PPP 项目的采购需求特点，依法选择适当的采购方式。公开招标主要适用于采购需求中核心边界条件和技术经济参数明确、完整、符合国家法律法规及政府采购政策，且采购过程中不作更改的项目。

第五条 PPP 项目采购应当实行资格预审。项目实施机构应当根据项目需要准备资格预审文件，发布资格预审公告，邀请社会资本和与其合作的金融机构参与资格预审，验证项目能否获得社会资本响应和实现充分竞争。

第六条 资格预审公告应当在省级以上人民政府财政部门指定的政府采购信息发布媒体上发布。资格预审合格的社会资本在签订 PPP 项目合同前资格发生变化的，应当通知项目实施机构。

资格预审公告应当包括项目授权主体、项目实施机构和项目名称、采购需求、对社会资本的资格要求、是否允许联合体参与采购活动、是否限定参与竞争的合格社会资本的数量及限定的方法和标准、以及社会资本提交资格预审申请文件的时间和地点。提交资格预审申请文件的时间自公告发布之日起不得少于15个工作日。

第七条 项目实施机构、采购代理机构应当成立评审小组，负责PPP项目采购的资格预审和评审工作。评审小组由项目实施机构代表和评审专家共5人以上单数组成，其中评审专家人数不得少于评审小组成员总数的2/3。评审专家可以由项目实施机构自行选定，但评审专家中至少应当包含1名财务专家和1名法律专家。项目实施机构代表不得以评审专家身份参加项目的评审。

第八条 项目有3家以上社会资本通过资格预审的，项目实施机构可以继续开展采购文件准备工作；项目通过资格预审的社会资本不足3家的，项目实施机构应当在调整资格预审公告内容后重新组织资格预审；项目经重新资格预审后合格社会资本仍不够3家的，可以依法变更采购方式。

资格预审结果应当告知所有参与资格预审的社会资本，并将资格预审的评审报告提交财政部门（政府和社会资本合作中心）备案。

第九条 项目采购文件应当包括采购邀请、竞争者须知（包括密封、签署、盖章要求等）、竞争者应当提供的资格、资信及业绩证明文件、采购方式、政府对项目实施机构的授权、实施方案的批复和项目相关审批文件、采购程序、响应文件编制要求、提交响应文件截止时间、开启时间及地点、保证金交纳数额和形式、评审方法、评审标准、政府采购政策要求、PPP项目合同草案及其他法律文本、采购结果确认谈判中项目合同可变的细节、以及是否允许未参加资格预审的供应商参与竞争并进行资格后审等内容。项目采购文件中还应当明确项目合同必须报请本级人民政府审核同意，在获得同意前项目合同不得生效。

采用竞争性谈判或者竞争性磋商采购方式的，项目采购文件除上款规定的内容外，还应当明确评审小组根据与社会资本谈判情况可能实质性变动的内容，包括采购需求中的技术、服务要求以及项目合同草案条款。

第十条 项目实施机构应当在资格预审公告、采购公告、采购文件、项目合同中列明采购本国货物和服务、技术引进和转让等政策要求，以及对社会资本参与采购活动和履约保证的担保要求。

第十一条 项目实施机构应当组织社会资本进行现场考察或者召开采购前答疑会，但不得单独或者分别组织只有一个社会资本参加的现场考察和答疑会。项目实施机构可以视项目的具体情况，组织对符合条件的社会资本的资格条件进行考察核实。

第十二条 评审小组成员应当按照客观、公正、审慎的原则，根据资格预审公告和采购文件规定的程序、方法和标准进行资格预审和独立评审。已进行资格预审的，评审小组在评审阶段可以不再对社会资本进行资格审查。允许进行资格后审的，由评审小组在响应文件评审环节对社会资本进行资格审查。

评审小组成员应当在资格预审报告和评审报告上签字，对自己的评审意见承担法律责任。对资格预审报告或者评审报告有异议的，应当在报告上签署不同意见，并说明理由，否则视为同意资格预审报告和评审报告。

评审小组发现采购文件内容违反国家有关强制性规定的，应当停止评审并向项目实施机构说明情况。

第十三条 评审专家应当遵守评审工作纪律，不得泄露评审情况和评审中获悉的国家秘密、商业秘密。

评审小组在评审过程中发现社会资本有行贿、提供虚假材料或者串通等违法行为的，应当及时向财政部门报告。

评审专家在评审过程中受到非法干涉的，应当及时向财政、监察等部门举报。

第十四条 PPP项目采购评审结束后，项目实施机构应当成立专门的采购结果确认谈判工作组，负责采购结果确认前的谈判和最终的采购结果确认工作。

采购结果确认谈判工作组成员及数量由项目实施机构确定，但应当至少包括财政预算管理部门、行业主管部门代表，以及财务、法律等方面的专家。涉及价格管理、环境保护的PPP项目，谈判工作组还应当包括价格管理、环境保护行政执法机关代表。评审小组成员可以作为采购结果确认谈判工作组成员参与采购结果确认谈判。

第十五条 采购结果确认谈判工作组应当按照评审报告推荐的候选社会资本排名，依次与候选社会资本及与其合作的金融机构就项目合同中可变的细节问题进行项目合同签署前的确认谈判，率先达成一致的候选社会资本即为预中标、成交社会资本。

第十六条 确认谈判不得涉及项目合同中不可谈判的核心条款，不得与排序在前但已终止谈判的社会资本进行重复谈判。

第十七条 项目实施机构应当在预中标、成交社会资本确定后10个工作日内，与预中标、成交社会资本签署确认谈判备忘录，并将预中标、成交结果和根据采购文件、响应文件及有关补遗文件和确认谈判备忘录拟定的项目合同文本在省级以上人民政府财政部门指定的政府采购信息发布媒体上进行公示，公示期不得少于5个工作日。项目合同文本应当将预中标、成交社会资本响应文件中的重要承诺和技术文件等作为附件。项目合同文本涉及国家秘密、商业秘密的内容可以不公示。

第十八条 项目实施机构应当在公示期满无异议后2个工作日内，将中标、成交结果在省级以上人民政府财政部门指定的政府采购信息发布媒体上进行公告，同时发出中标、成交通知书。

中标、成交结果公告内容应当包括：项目实施机构和采购代理机构的名称、地址和联系方式；项目名称和项目编号；中标或者成交社会资本的名称、地址、法人代表；中标或者成交标的名称、主要中标或者成交条件（包括但不限于合作期限、服务要求、项目概算、回报机制）等；评审小组和采购结果确认谈判工作组成员名单。

第十九条 项目实施机构应当在中标、成交通知书发出后30日内，与中标、成交社会资本签订经本级人民政府审核同意的PPP项目合同。

需要为PPP项目设立专门项目公司的，待项目公司成立后，由项目公司与项目实施机构重新签署PPP项目合同，或者签署关于继承PPP项目合同的补充合同。

第二十条 项目实施机构应当在PPP项目合同签订之日起2个工作日内，将PPP项目合同在省级以上人民政府财政部门指定的政府采购信息发布媒体上公告，但PPP项目合同中涉及国家秘密、商业秘密的内容除外。

第二十一条　项目实施机构应当在采购文件中要求社会资本交纳参加采购活动的保证金和履约保证金。社会资本应当以支票、汇票、本票或者金融机构、担保机构出具的保函等非现金形式交纳保证金。参加采购活动的保证金数额不得超过项目预算金额的2%。履约保证金的数额不得超过PPP项目初始投资总额或者资产评估值的10%，无固定资产投资或者投资额不大的服务型PPP项目，履约保证金的数额不得超过平均6个月服务收入额。

第三章　争议处理和监督检查

第二十二条　参加PPP项目采购活动的社会资本对采购活动的询问、质疑和投诉，依照有关政府采购法律制度规定执行。

项目实施机构和中标、成交社会资本在PPP项目合同履行中发生争议且无法协商一致的，可以依法申请仲裁或者提起民事诉讼。

第二十三条　各级人民政府财政部门应当加强对PPP项目采购活动的监督检查，依法处理采购活动中的违法违规行为。

第二十四条　PPP项目采购有关单位和人员在采购活动中出现违法违规行为的，依照政府采购法及有关法律法规追究法律责任。

第四章　附则

第二十五条　本办法自发布之日起施行。

附录3

PPP 项目合同指南（试行）

第一章　总则

第一节　PPP 项目主要参与方

PPP 项目的参与方通常包括政府、社会资本方、融资方、承包商和分包商、原料供应商、专业运营商、保险公司以及专业机构等。

一、政府

根据 PPP 项目运作方式和社会资本参与程度的不同，政府在 PPP 项目中所承担的具体职责也不同。总体来讲，在 PPP 项目中，政府需要同时扮演以下两种角色：

作为公共事务的管理者，政府负有向公众提供优质且价格合理的公共产品和服务的义务，承担 PPP 项目的规划、采购、管理、监督等行政管理职能，并在行使上述行政管理职能时形成与项目公司（或社会资本）之间的行政法律关系；

作为公共产品或服务的购买者（或者购买者的代理人），政府基于 PPP 项目合同形成与项目公司（或社会资本）之间的平等民事主体关系，按照 PPP 项目合同的约定行使权利、履行义务。

为便于区分政府的不同角色，本指南中，政府或政府授权机构作为 PPP 项目合同的一方签约主体时，称为政府方。

二、社会资本方

本指南所称社会资本方是指与政府方签署 PPP 项目合同的社会资本或项目公司。本指南所称的社会资本是指依法设立且有效存续的具有法人资格的企业，包括民营企业、国有企业、外国企业和外商投资企业。但本级人民政府下属的政府融资平台公司及其控股的其他国有企业（上市公司除外）不得作为社会资本方参与本级政府辖区内的 PPP 项目。社会资本是 PPP 项目的实际投资人。但在 PPP 实践中，社会资本通常不会直接作为 PPP 项目的实施主体，而会专门针对该项目成立项目公司，作为 PPP 项目合同及项目其他相关合同的签约主体，负责项目具体实施。

项目公司是依法设立的自主运营、自负盈亏的具有独立法人资格的经营实体。项目公司可以由社会资本（可以是一家企业，也可以是多家企业组成的联合体）出资设立，也可以由政府和社会资本共同出资设立。但政府在项目公司中的持股比例应当低于50%、且不具有实际控制力及管理权。

三、融资方

PPP项目的融资方通常有商业银行、出口信贷机构、多边金融机构（如世界银行、亚洲开发银行等）以及非银行金融机构（如信托公司）等。根据项目规模和融资需求的不同，融资方可以是一两家金融机构，也可以是由多家银行或机构组成的银团，具体的债权融资方式除贷款外，也包括债券、资产证券化等。

四、承包商和分包商

在PPP项目中，承包商和分包商的选择是影响工程技术成败的关键因素，其技术水平、资历、信誉以及财务能力在很大程度上会影响贷款人对项目的商业评估和风险判断，是项目能否获得贷款的一个重要因素。

承包商主要负责项目的建设，通常与项目公司签订固定价格、固定工期的工程总承包合同。一般而言，承包商要承担工期延误、工程质量不合格和成本超支等风险。

对于规模较大的项目，承包商可能会与分包商签订分包合同，把部分工作分包给专业分包商。根据具体项目的不同情况，分包商从事的具体工作可能包括设计、部分非主体工程的施工，提供技术服务以及供应工程所需的货物、材料、设备等。承包商负责管理和协调分包商的工作。

五、专业运营商（部分项目适用）

根据不同PPP项目运作方式的特点，项目公司有时会将项目部分的运营和维护事务交给专业运营商负责。但根据项目性质、风险分配以及运营商资质能力等不同，专业运营商在不同项目中所承担的工作范围和风险也会不同。例如，在一些采用政府付费机制的项目中，项目公司不承担需求风险或仅承担有限需求风险的，可能会将大部分的运营事务交由专业运营商负责；而在一些采用使用者付费机制的项目中，由于存在较大需求风险，项目公司可能仅仅会将部分非核心的日常运营管理事务交由专业运营商负责。

六、原料供应商（部分项目适用）

在一些PPP项目中，原料的及时、充足、稳定供应对于项目的平稳运营至关重要，因此原料供应商也是这类项目的重要参与方之一。例如在燃煤电厂项目中，为了保证煤炭的稳定供应，项目公司通常会与煤炭供应商签订长期供应协议。

七、产品或服务购买方（部分项目适用）

在包含运营内容的PPP项目中，项目公司通常通过项目建成后的运营收入来回收成本并获取利润。为了降低市场风险，在项目谈判阶段，项目公司以及融资方通常都会要求确定项目产品或服务的购买方，并由购买方与项目公司签订长期购销合同以保证项目未来的稳定收益。

八、保险公司

由于PPP项目通常资金规模大、生命周期长，在项目建设和运营期间面临着诸多难以预料的各类风险，因此项目公司以及项目的承包商、分包商、供应商、运营商等通常均会就其面临的各类风险向保险公司进行投保，以进一步分散和转移风险。同时，由于项目风险一旦发生就有可能造成严重的经济损失，因此PPP项目对保险公司的资信有较高要求。

九、其他参与方

除上述参与方之外，开展PPP项目还必须充分借助投资、法律、技术、财务、保险代理等方面的专业技术力量，因此PPP项目的参与方通常还可能会包括上述领域的专业机构。

第二节　PPP项目合同体系

在PPP项目中，项目参与方通过签订一系列合同来确立和调整彼此之间的权利义务关系，构成PPP项目的合同体系。PPP项目的合同通常包括PPP项目合同、股东协议、履约合同（包括工程承包合同、运营服务合同、原料供应合同、产品或服务购买合同等）、融资合同和保险合同等。其中，PPP项目合同是整个PPP项目合同体系的基础和核心。

在PPP项目合同体系中，各个合同之间并非完全独立、互不影响，而是紧密衔接、相互贯通的，合同之间存在着一定的"传导关系"，了解PPP项目的合同体系和各个合同之间的传导关系，有助于对PPP项目合同进行更加全面准确的把握。

首先,在合同签订阶段,作为合同体系的基础和核心,PPP项目合同的具体条款不仅会直接影响到项目公司股东之间的协议内容,而且会影响项目公司与融资方的融资合同以及与保险公司的保险合同等其他合同的内容。此外,PPP项目合同的具体约定,还可能通过工程承包或产品服务购买等方式,传导到工程承包(分包)合同、原料供应合同、运营服务合同和产品或服务购买合同上。

其次,在合同履行阶段,合同关系的传导方向可能发生逆转。例如分包合同的履行出现问题,会影响到总承包合同的履行,进而影响到PPP项目合同的履行。

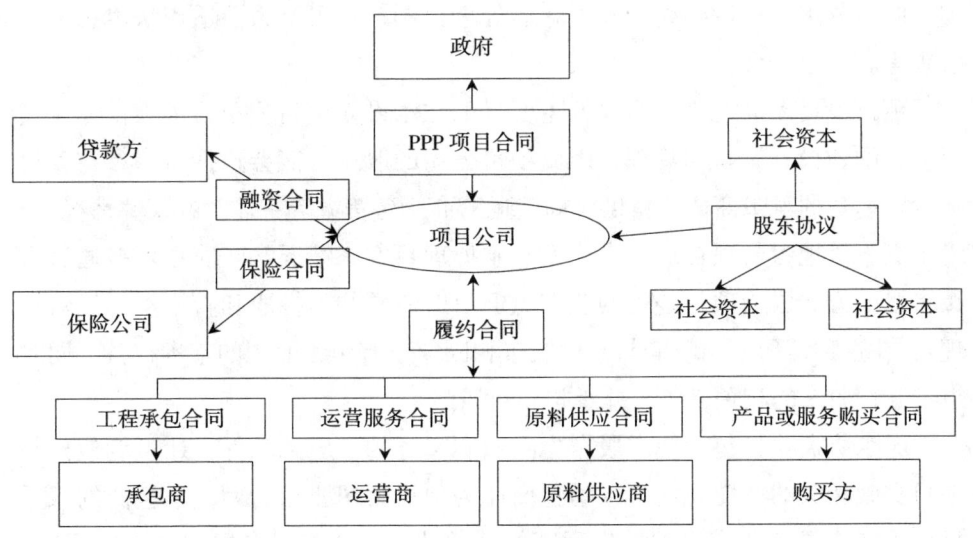

PPP项目基本合同体系

一、PPP项目合同

PPP项目合同是政府方与社会资本方依法就PPP项目合作所订立的合同。其目的是在政府方与社会资本方之间合理分配项目风险,明确双方权利义务关系,保障双方能够依据合同约定合理主张权利,妥善履行义务,确保项目全生命周期内的顺利实施。PPP项目合同是其他合同产生的基础,也是整个PPP项目合同体系的核心。

在项目初期阶段,项目公司尚未成立时,政府方会先与社会资本(即项目投资人)签订意向书、备忘录或者框架协议,以明确双方的合作意向,详细约定双方有关项目开发的关键权利义务。待项目公司成立后，由项目公司与政府方重新签署正式PPP项目合同，或者签署关于承继上述协议的补充合同。在PPP项目合同中通常也会对PPP项目合同生效后政府方与项目公司及其母公司之前就本项目所达成的协议是否会继续存续进行约定。

二、股东协议

股东协议由项目公司的股东签订，用以在股东之间建立长期的、有约束力的合约关系。股东协议通常包括以下主要条款：前提条件、项目公司的设立和融资、项目公司的经营范围、股东权利、履行PPP项目合同的股东承诺、股东的商业计划、股权转让、股东会、董事会、监事会组成及其职权范围、股息分配、违约、终止及终止后处理机制、不可抗力、适用法律和争议解决等。

项目投资人订立股东协议的主要目的在于设立项目公司，由项目公司负责项目的建设、运营和管理，因此项目公司的股东可能会包括希望参与项目建设、运营的承包商、原料供应商、运营商、融资方等主体。在某些情况下，为了更直接地参与项目的重大决策、掌握项目实施情况，政府也可能通过直接参股的方式成为项目公司的股东（但政府通常并不控股和直接参与经营管理）。在这种情形下，政府与其他股东相同，享有作为股东的基本权益，同时也需履行股东的相关义务，并承担项目风险。

股东协议除了包括规定股东之间权利义务的一般条款外，还可能包括与项目实施相关的特殊规定。以承包商作为项目公司股东为例，承包商的双重身份可能会导致股东之间一定程度的利益冲突，并在股东协议中予以反映。例如，为防止承包商在工程承包事项上享有过多的控制权，其他股东可能会在股东协议中限制承包商在工程建设及索赔事项上的表决权；如果承包商参与项目的主要目的是承担项目的设计、施工等工作，并不愿长期持股，承包商会希望在股东协议中预先做出股权转让的相关安排；但另一方面，如果融资方也是股东，融资方通常会要求限制承包商转让其所持有的项目公司股权的权利，例如要求承包商至少要到工程缺陷责任期满后才可转让其所持有的项目公司股权。

三、履约合同

（一）工程承包合同。

项目公司一般只作为融资主体和项目运营管理者而存在，本身不一定具备自行设计、采购、建设项目的条件，因此可能会将部分或全部设计、采购、建设工作委托给工程承包商，签订工程承包合同。项目公司可以与单一承包商签订总承包合同，也可以分别与不同承包商签订合同。承包商的选择要遵循相关法律法规的规定。

由于工程承包合同的履行情况往往直接影响PPP项目合同的履行，进而影响项目的贷款偿还和收益情况。因此，为了有效转移项目建设期间的风险，项目公司通常会与承包商签订一个固定价格、固定工期的"交钥匙"合同，将工程费用超支、工期延误、工程质量不合格等风险全部转移给承包商。此外，工程承包合同中通常还会包括履约担保和违约金条款，进一步约束承包商妥善履行合同义务。

（二）运营服务合同。

根据PPP项目运营内容和项目公司管理能力的不同，项目公司有时会考虑将项目全部或部分的运营和维护事务外包给有经验的专业运营商，并与其签订运营服务合同。个案中，运营维护事务的外包可能需要事先取得政府的同意。但是，PPP项目合同中约定的项目公司的运营和维护义务并不因项目公司将全部或部分运营维护事务分包给其他运营商实施而豁免或解除。

由于PPP项目的期限通常较长，在项目的运营维护过程中存在较大的管理风险，可能因项目公司或运营商管理不善而导致项目亏损。因此，项目公司应优先选择资信状况良好、管理经验丰富的运营商，并通过在运营服务合同中预先约定风险分配机制或者投保相关保险来转移风险，确保项目平稳运营并获得稳定收益。

（三）原料供应合同。

有些PPP项目在运营阶段对原料的需求量很大、原料成本在整个项目运营成本中占比较大，同时受价格波动、市场供给不足等影响，又无法保证能够随时在公开市场上以平稳价格获取，继而可能会影响整个项目的持续稳定运营，例如燃煤电厂项目中的煤炭。因此，为了防控原料供应风险，项目公司通常会与原料的主要供应商签订长期原料供应合同，并且约定一个相对稳定的原料价格。

在原料供应合同中，一般会包括以下条款：交货地点和供货期限、供货要求和价格、质量标准和验收、结算和支付、合同双方的权利义务、违约责任、不可抗力、争议解决等。除上述一般性条款外，原料供应合同通常还会包括"照供不误"条款，即要求供应商以稳定的价格、稳定的质量品质为项目提供长期、稳定的原料。

（四）产品或服务购买合同。

在 PPP 项目中，项目公司的主要投资收益来源于项目提供的产品或服务的销售收入，因此保证项目产品或服务有稳定的销售对象，对于项目公司而言十分重要。根据 PPP 项目付费机制的不同，项目产品或服务的购买者可能是政府，也可能是最终使用者。以政府付费的供电项目为例，政府的电力主管部门或国有电力公司通常会事先与项目公司签订电力购买协议，约定双方的购电和供电义务。

此外，在一些产品购买合同中，还会包括"照付不议"条款，即项目公司与产品的购买者约定一个最低采购量，只要项目公司按照最低采购量供应产品，不论购买者是否需要采购该产品，均应按照最低采购量支付相应价款。

四、融资合同

从广义上讲，融资合同可能包括项目公司与融资方签订的项目贷款合同、担保人就项目贷款与融资方签订的担保合同、政府与融资方和项目公司签订的直接介入协议等多个合同。其中，项目贷款合同是最主要的融资合同。

在项目贷款合同中一般会包括以下条款：陈述与保证、前提条件、偿还贷款、担保与保障、抵销、违约、适用法律与争议解决等。同时，出于贷款安全性的考虑，融资方往往要求项目公司以其财产或其他权益作为抵押或质押，或由其母公司提供某种形式的担保或由政府作出某种承诺，这些融资保障措施通常会在担保合同、直接介入协议以及 PPP 项目合同中予以具体体现。

需要特别强调的是，PPP 项目的融资安排是 PPP 项目实施的关键环节，鼓励融资方式多元化、引导融资方式创新、落实融资保障措施，对于增强投资者信心、维护投资者权益以及保障 PPP 项目的成功实施至关重要。本指南仅就 PPP 项目合同中所涉及的与融资有关的条款和内容进行了阐述，有关 PPP 项目融资的规范指导和系统介绍，请参见另行编制的 PPP 融资专项指南。

五、保险合同

由于 PPP 项目通常资金规模大、生命周期长，负责项目实施的项目公司及其他相关参与方通常需要对项目融资、建设、运营等不同阶段的不同类型的风险分别进行投保。通常可能涉及的保险种类包括货物运输险、工程一切险、针对设计或其它专业服务的职业保障险、针对间接损失的保险、第三者责任险。鉴于 PPP 项目所涉风险的长期性和复杂性，为确保投保更有针对性和有效性，建议在制定保险方案或签署保险合同前先咨询专业保险顾问的意见。

六、其他合同

在 PPP 项目中还可能会涉及其他的合同，例如与专业中介机构签署的投资、法律、技术、财务、税务等方面的咨询服务合同。

第二章　PPP 项目合同的主要内容

第一节　PPP 项目合同概述

PPP 项目合同是 PPP 项目的核心合同，用于约定政府与社会资本双方的项目合作内容和基本权利义务。虽然不同行业、不同付费机制、不同运作方式的具体 PPP 项目合同可能千差万别，但也包括一些具有共性的条款和机制。本章将详细介绍 PPP 项目合同中最为核心和具有共性的条款和机制。

一、合同主体

PPP 项目合同通常由以下两方签署：

（一）政府方。

政府方是指签署 PPP 项目合同的政府一方的签约主体（即合同当事人）。在我国，PPP 项目合同通常根据政府职权分工，由项目所在地相应级别的政府或者政府授权机构以该级政府或该授权机构自己的名义签署。例如，某省高速公路项目的 PPP 项目合同，由该省交通厅签署。

（二）项目公司。

项目公司是社会资本为实施 PPP 项目而专门成立的公司，通常独立于社会资本而运营。根据项目公司股东国籍的不同，项目公司可能是内资企业，也可能是外商投资企业。

二、合同主要内容和条款

根据项目行业、付费机制、运作方式等具体情况的不同，PPP 项目合同可能会千差万别，但一般来讲会包括以下核心条款：引言、定义和解释；项目的范围和期限；前提条件；项目的融资；项目用地；项目的建设；项目的运营；项目的维护；股权变更限制；付费机制；履约担保；政府承诺；保险；守法义务及法律变更；不可抗力；政府方的监督和介入；违约、提前终止及终止后处理机制；项目的移交；适用法律及争议解决；合同附件；等等。

除上述核心条款外，PPP项目合同通常还会包括其他一般合同中的常见条款，例如著作权和知识产权、环境保护、声明与保证、通知、合同可分割、合同修订等。

三、风险分配

（一）风险分配原则。

PPP项目合同的目的就是要在政府方和项目公司之间合理分配风险，明确合同当事人之间的权利义务关系，以确保PPP项目顺利实施和实现物有所值。在设置PPP项目合同条款时，要始终遵循上述合同目的，并坚持风险分配的下列基本原则：

1.承担风险的一方应该对该风险具有控制力；

2.承担风险的一方能够将该风险合理转移（例如通过购买相应保险）；

3.承担风险的一方对于控制该风险有更大的经济利益或动机；

4.由该方承担该风险最有效率；

5.如果风险最终发生，承担风险的一方不应将由此产生的费用和损失转移给合同相对方。

（二）常见风险分配安排。

具体PPP项目的风险分配需要根据项目实际情况，以及各方的风险承受能力，在谈判过程中确定，在实践中不同PPP项目合同中的风险分配安排可能完全不同。下文列举了一些实践中较为常见的风险分配安排，但需要强调的是，这些风险分配安排并非适用于所有项目，在具体项目中，仍需要具体问题具体分析并进行充分评估论证。

1.通常由政府方承担的风险，包括：

（1）土地获取风险（在特定情形下也可能由项目公司承担，详见本章第六节）；

（2）项目审批风险（根据项目具体情形不同，可能由政府方承担，也可

能由项目公司承担,详见本章第四节);

(3) 政治不可抗力(包括非因政府方原因且不在政府方控制下的征收征用和法律变更等,详见本章第十五节)。

2.通常由项目公司承担的风险,包括:

(1) 如期完成项目融资的风险;

(2) 项目设计、建设和运营维护相关风险,例如完工风险、供应风险、技术风险、运营风险以及移交资产不达标的风险等;

(3) 项目审批风险(根据项目具体情形不同,可能由政府方承担,也可能由项目公司承担,详见本章第四节);

(4) 获得项目相关保险。

3.通常由双方共担的风险:自然不可抗力。

四、法律适用

本指南主要针对在我国实施的PPP项目,除了说明和借鉴国际经验的表述外,有关PPP项目合同条款的分析和解释均以我国法律作为适用依据。

第二节 引言、定义和解释

引言、定义和解释是所有PPP项目合同中均包含的内容,一般会放在PPP项目合同的初始部分,用以说明该合同的签署时间、签署主体、签署背景,以及该合同中涉及的关键词语的定义和条款的解释方法等。

一、引言

引言部分,即在PPP项目合同具体条款前的内容,主要包括以下内容:

(一)签署时间及签署主体信息。

在PPP项目合同最开始一般会明确该合同的签署日期,该日期通常会影响PPP项目合同部分条款的生效时间。例如前提条件条款、争议解决条款等,会在合同签署日即生效,而其他一些特定条款则在全部前提条件满足或被豁免的情形下才生效(请见本章第四节)。

此外,这部分还会载明PPP项目合同签署主体的名称、住所、法定代表人及其他注册信息,以明确签署主体的身份。

(二)签约背景及签约目的。

PPP项目合同引言部分还可能会简要介绍项目双方的合作背景以及双方签订该PPP项目合同的目的等。

二、定义

在 PPP 项目合同中通常还会包括定义条款，对一些合同中反复使用的关键名词和术语进行明确的定义，以便于快速索引相关定义和术语，并确保合同用语及含义的统一性，避免将来产生争议。定义部分通常会包括"政府方"、"项目公司"、"工作日"、"生效日"、"运营日"、"移交日"、"不可抗力"、"法律变更"、"融资交割"、"技术标准"、"服务标准"、"性能测试"等 PPP 项目涉及的专业术语及合同用语。

三、解释

为了避免合同条款因不同的解释而引起争议，在 PPP 项目合同中通常会专门约定该合同的解释方法。常见的解释包括：标题仅为参考所设，不应影响条文的解释；一方、双方指本协议的一方或双方，并且包括经允许的替代该方的人或该方的受让人；一段时间（包括一年、一个季度、一个月和一天）指按公历计算的该时间段；"包括"是指"包括但不限于"；任何合同或文件包括经修订、更新、补充或替代后的该合同或文件；等等。

第三节 项目的范围和期限

一、项目的范围

项目的范围条款，用以明确约定在项目合作期限内政府与项目公司的合作范围和主要合作内容，是 PPP 项目合同的核心条款。

根据项目运作方式和具体情况的不同，政府与项目公司的合作范围可能包括设计、融资、建设、运营、维护某个基础设施或提供某项公共服务等。以 BOT 运作方式为例，项目的范围一般包括项目公司在项目合作期限内建设（和设计）、运营（和维护）项目并在项目合作期限结束时将项目移交给政府。

通常上述合作范围是排他的，即政府在项目合作期限内不会就该 PPP 项目合同项下的全部或部分内容与其他任何一方合作。

二、项目合作期限

（一）期限的确定。

1.项目的合作期限通常应在项目前期论证阶段进行评估。评估时，需要综合考虑以下因素：

（1）政府所需要的公共产品或服务的供给期间；

（2）项目资产的经济生命周期以及重要的整修时点；

(3) 项目资产的技术生命周期；

(4) 项目的投资回收期；

(5) 项目设计和建设期间的长短；

(6) 财政承受能力；

(7) 现行法律法规关于项目合作期限的规定；等等。

2.根据项目运作方式和付费机制的不同，项目合作期限的规定方式也不同，常见的项目合作期限规定方式包括以下两种：

(1) 自合同生效之日起一个固定的期限（例如，25年）；

(2) 分别设臵独立的设计建设期间和运营期间，并规定运营期间为自项目开始运营之日起的一个固定期限。

上述两种合作期限规定方式的最主要区别在于：在分别设臵设计建设期间和运营期间的情况下，如建设期出现任何延误，不论是否属于可延长建设期的情形，均不会影响项目运营期限，项目公司仍然可以按照合同约定的运营期运营项目并获得收益；而在规定单一固定期限的情况下，如项目公司未按照约定的时间开始运营且不属于可以延长期限的情形，则会直接导致项目运营期缩短，从而影响项目公司的收益情况。

鉴此，实践中应当根据项目的风险分配方案、运作方式、付费机制和具体情况选择合理的项目合作期限规定方式。基本的原则是，项目合作期限可以实现物有所值的目标并且形成对项目公司的有效激励。需要特别注意的是，项目的实际期限还会受制于提前终止的规定。

(二) 期限的延长。

由于PPP项目的实施周期通常较长，为了确保项目实施的灵活性，PPP项目合同中还可能包括关于延长项目合作期限的条款。

政府和项目公司通常会在合同谈判时商定可以延期的事由，基本的原则是：在法律允许的范围内，对于项目合作期限内发生非项目公司应当承担的风险而导致项目公司损失的情形下，项目公司可以请求延长项目合作期限。常见的延期事由包括：

1.因政府方违约导致项目公司延误履行其义务；

2.因发生政府方应承担的风险（关于通常由政府方承担的风险，请见本章第一节）导致项目公司延误履行其义务；

3.经双方合意且在合同中约定的其他事由。

（三）期限的结束。

导致项目合作期限结束有两种情形：项目合作期限届满或者项目提前终止（关于期限结束后的处理，请见本章第十八节和第十九节）。

第四节　前提条件

一般情况下，PPP项目合同条款并不会在合同签署时全部生效，其中部分特定条款的生效会有一定的前提条件。只有这些前提条件被满足或者被豁免的情况下，PPP项目合同的全部条款才会生效。

如果某一前提条件未能满足且未被豁免，PPP项目合同的有关条款将无法生效，并有可能进一步导致合同终止，未能满足该前提条件的一方将承担合同终止的后果。

一、前提条件

（一）前提条件的含义和作用。

前提条件，也叫先决条件，是指PPP项目合同的某些条款生效所必须满足的特定条件。

对项目公司而言，在项目开始实施前赋予其一定的时间以完成项目的融资及其他前期准备工作，并不会影响项目期限的计算及项目收益的获取。

而对政府方而言，项目公司只有满足融资交割、审批手续等前提条件才可以正式实施项目，有利于降低项目的实施风险。

（二）常见的前提条件。

根据项目具体情况的不同，在项目正式实施之前需要满足的前提条件也不尽相同，实践中常见的前提条件包括：

1.完成融资交割——通常由项目公司负责满足。

完成融资交割是PPP项目合同中最重要的前提条件，只有确定项目公司及融资方能够为项目的建设运营提供足够资金的情况下，项目的顺利实施才有一定保障。

根据项目双方的约定不同，完成融资交割的定义也可能会不同，通常是指：项目公司已为项目建设融资的目的签署并向融资方提交所有融资文件，并且融资文件要求的就本项目获得资金的所有前提条件得到满足或被豁免。

2.获得项目相关审批——由项目公司或政府方负责满足。

根据我国法律规定，项目公司实施 PPP 项目可能需要履行相关行政审批程序，只有获得相应的批准或备案，才能保证 PPP 项目的合法合规实施。

在遵守我国法律法规的前提下，按照一般的风险分配原则，该项条件通常应由对履行相关审批程序最有控制力且最有效率的一方负责满足，例如：

（1）如果项目公司可以自行且快捷地获得相关审批，则该义务可由项目公司承担；

（2）如果无政府协助项目公司无法获得相关审批，则政府方有义务协助项目公司获得审批；

（3）如果相关审批属于政府方的审批权限，则应由政府方负责获得。

3.保险已经生效——由项目公司负责满足。

在 PPP 项目中，保险是非常重要的风险转移和保障机制。政府方为了确保项目公司在项目实施前已按合同约定获得了足额的保险，通常会将保险（主要是建设期保险）生效作为全部合同条款生效的前提条件。

常见的安排是：项目公司已根据项目合同中有关保险的规定（请见本章第十四节）购买保险，且保单已经生效，并向政府方提交了保单的复印件。

4.项目实施相关的其他主要合同已经签订——由项目公司负责满足。

在一些 PPP 项目合同中，政府方为进一步控制项目实施风险，会要求项目公司先完成项目实施涉及的其他主要合同的签署工作，以此作为 PPP 项目合同的生效条件。

常见的安排是：项目公司已根据项目合同中有关规定签订工程总承包合同及其他主要分包合同，并且向政府方提交了有关合同的复印件。

5.其他前提条件。

在 PPP 项目合同中双方还可能会约定其他的前提条件，例如，项目公司提交建设期履约保函等担保。

二、前提条件豁免

上述前提条件可以被豁免，但只有负责满足该前提条件的一方的相对方拥有该豁免权利。

三、未满足前提条件的后果

（一）合同终止。

如果双方约定的上述任一前提条件在规定的时间内未满足，并且另一合同方也未同意豁免或延长期限，则该合同方有权终止项目合同。

（二）合同终止的效力和后果。

1.合同项下的权利和义务将终止。

如果由于未满足前提条件而导致合同终止，除合同中明确规定的在合同终止后仍属有效的条款外，其他权利义务将终止。2.经济赔偿。

如因合同一方未能在规定的时间内满足其应当满足的前提条件而导致合同终止的，合同另一方有权向其主张一定的经济赔偿，但经济赔偿的额度应当与合同另一方因此所遭受的损失相匹配，并符合我国合同法关于损害赔偿的规定。

3.提取保函。

为了更好地督促项目公司积极履行有关义务、达成相关的前提条件，政府方也可以考虑在签署PPP项目合同时（甚至之前）要求项目公司就履行前提条件提供一份履约保函。具体项目中是否需要项目公司提供此类保函、保函金额多少，主要取决于以下因素：

（1）在投标阶段是否已经要求项目公司提供其他的保函；

（2）是否有其他激励项目公司满足前提条件的机制，例如项目期限或付费机制的设筶；

（3）项目公司不能达成前提条件的风险和后果；

（4）政府方因项目无法按时实施所面临的风险和后果；

（5）按时达成前提条件对该项目的影响；等等。

如果项目公司未能按照约定的时间和要求达成前提条件，且政府方未同意豁免该前提条件时，政府方有权提取保函项下的金额。

第五节 项目的融资

PPP项目合同中有关项目融资的规定，不一定会规定在同一条款中，有可能散见在不同条款项下，通常包括项目公司的融资权利和义务、融资方权利以及再融资等内容。

一、项目公司的融资权利和义务

在PPP项目中，通常项目公司有权并且有义务获得项目的融资。为此，PPP项目合同中通常会明确约定项目全生命周期内相关资产和权益的归属，以确定项目公司是否有权通过在相关资产和权益上设定抵质押担保等方式获得项目融资,以及是否有权通过转让项目公司股份(关于股权变更的限制,请见本章第十节)以及处置项目相关资产或权益的方式实现投资的退出。与此同时,由于能否成功获得融资直接关系到项目能否实施,因此大多数PPP项目合同中会将完成融资交割作为项目公司的一项重要义务以及PPP项目合同全部生效的前提条件(关于融资交割以及具体前提条件的安排,请见本章第四节)。

二、融资方的权利

为了保证项目公司能够顺利获得融资,在PPP项目合同中通常会规定一些保障融资方权利的安排。融资方在提供融资时最为关注的核心权利包括:

(一)融资方的主债权和担保债权。

如果项目公司以项目资产或其他权益(例如运营期的收费权)、或社会资本以其所持有的与项目相关的权利(例如其所持有的项目公司股权)为担保向融资方申请融资,融资方在主张其担保债权时可能会导致项目公司股权以及项目相关资产和权益的权属变更。因此,融资方首先要确认PPP项目合同中已明确规定社会资本和项目公司有权设置上述担保,并且政府方可以接受融资方行使主债权或担保债权所可能导致的法律后果,以确保融资方权益能够得到充分有效的保障。

(二)融资方的介入权。

由于项目的提前终止可能会对融资方债权的实现造成严重影响,因此融资方通常希望在发生项目公司违约事件且项目公司无法在约定期限内补救时,可以自行或委托第三方在项目提前终止前对于项目进行补救(关于项目提前终止的机制,请见本章第十八节)。为了保障融资方的该项权利,融资方通常会要求在PPP项目合同中或者通过政府、项目公司与融资方签订的直接介入协议对融资方的介入权予以明确约定。

三、再融资

为了调动项目公司的积极性并保障融资的灵活性,在一些PPP项目合同中,还会包括允许项目公司在一定条件下对项目进行再融资的规定。再融资的条件通常包括:再融资应增加项目收益且不影响项目的实施、签署再融资协议前须经过政府的批准等。此外,PPP项目合同中也可能会规定,政府方对于因再融资所节省的财务费用享有按约定比例(例如50%)分成的权利。

第六节　项目用地

PPP项目合同中的项目用地条款，是在项目实施中涉及的土地方面的权利义务规定，通常包括土地权利的取得、相关费用的承担以及土地使用的权利及限制等内容。

一、土地权利的取得

（一）一般原则。

大部分的PPP项目，尤其是基础设施建设项目或其他涉及建设的项目，均会涉及项目用地问题，由哪一方负责取得土地对于这类项目而言非常关键。

在PPP实践中，通常根据政府方和项目公司哪一方更有能力、更有优势承担取得土地的责任的原则，来判定由哪一方负责取得土地。

（二）两种实践选择。

实践中，根据PPP项目的签约主体和具体情况不同，土地使用权的取得通常有以下两种选择：

1.由政府方负责提供土地使用权。

（1）主要考虑因素。

如果签署PPP项目合同的政府方是对土地使用权拥有一定控制权和管辖权的政府或政府部门（例如，县级以上人民政府），在PPP项目实施中，该政府方负责取得土地使用权对于项目的实施一般更为经济和效率，主要原因在于：一方面，在我国的法律框架下，土地所有权一般归国家或集体所有，由对土地使用权有一定控制力的政府方负责取得土地使用权更为便利（根据我国法律，除乡（镇）村公共设施和公益事业建设经依法批准可使用农民集体所有的土地外，其他的建设用地均须先由国家征收原属于农民集体所有的土地，将其变为国有土地后才可进行出让或划拨）；另一方面，根据《土地管理法》及其他相关法律的规定和实践，对于城市基础设施用地和公益事业用地以及国家重点扶持的能源、交通、水利等基础设施用地，大多采用划拨的方式，项目公司一般无法自行取得该土地使用权。

（2）具体安排。

政府方以土地划拨或出让等方式向项目公司提供项目建设用地的土地使用权及相关进入场地的道路使用权，并根据项目建设需要为项目公司提供临时用地。项目的用地预审手续和土地使用权证均由政府方办理，项目公司主要予以配合。

上述土地如涉及征地、拆迁和安置，通常由政府方负责完成该土地的征用补偿、拆迁、场地平整、人员安置等工作，并向项目公司提供没有设定他项权利、满足开工条件的净地作为项目用地。

2.由政府方协助项目公司获得土地使用权。

如果项目公司完全有权、有能力根据我国法律规定自行取得土地使用权的，则可以考虑由项目公司自行取得土地使用权，但政府方应提供必要的协助。

二、取得土地使用权或其它相关权利的费用

（一）取得土地使用权或其它相关权利所涉及的费用。

在取得土地使用权或其他相关权利的过程中可能会涉及的费用包括：土地出让金、征地补偿费用（具体可能包括土地补偿费、安置补助费、地上附着物和青苗补偿费等）、土地恢复平整费用以及临时使用土地补偿费等。

（二）费用的承担。

实践中，负责取得土地使用权与支付相关费用的有可能不是同一主体。通常来讲，即使由政府方负责取得土地权利以及完成相关土地征用和平整工作，也可以要求项目公司支付一定的相关费用。

具体项目公司应当承担哪些费用和承担多少，需要根据费用的性质、项目公司的承担能力、项目的投资回报等进行综合评估。例如，实践中项目公司和政府方可能会约定一个暂定价，项目公司在暂定价的范围内承担土地使用权取得的费用，如实际费用超过该暂定价，对于超出的部分双方可以协商约定由政府方承担或由双方分担。

三、土地使用的权利及限制

（一）项目公司的土地权利——土地使用权。

PPP项目合同中通常会约定，项目公司有权在项目期限内独占性地使用特定土地进行以实施项目为目的的活动。根据我国《土地管理法》规定，出让国有土地使用权可以依法转让、出租、抵押和继承；划拨国有土地使用权在依法报批并补缴土地使用权出让金后，可以转让、出租、抵押。

（二）项目公司土地使用权的限制。

由于土地是为专门实施特定的PPP项目而划拨或出让给项目公司的，因此在 PPP 项目合同中通常还会明确规定，未经政府批准，项目公司不得将该项目涉及的土地使用权转让给第三方或用于该项目以外的其他用途。

除 PPP 项目合同中的限制外，项目公司的土地使用权还要受土地使用权出让合同或者土地使用权划拨批准文件的约束，并且要遵守《土地管理法》等相关法律法规的规定。

（三）政府方的场地出入权。

1.政府方有权出入项目设施场地。

为了保证政府对项目的开展拥有足够的监督权（关于政府方的监督和介入权利，请见本章第十七节），在 PPP 项目合同中，通常会规定政府方出入项目设施场地的权利。

2.条件和限制。

但政府方行使上述出入权需要有一定的条件和限制，包括：

（1）仅在特定目的（双方可在 PPP 项目合同中就"特定目的"的具体范围予以明确约定）下才有权进入场地，例如检查建设进度、监督项目公司履行 PPP 项目合同项下义务等；

（2）履行双方约定的合理通知义务后才可入场；

（3）需要遵守一般的安全保卫规定，并不得影响项目的正常建设和运营。

需要特别说明的是，上述条件和限制仅是对政府方合同权利的约束，政府方及其他政府部门为依法行使其行政监管职权而采取的行政措施不受上述合同条款的限制。

第七节 项目的建设

包含新建或改扩建内容的 PPP 项目，通常采用 BOT、BOO 或 ROT 等运作方式，项目建设是这类 PPP 项目合同的必备条款。有关项目建设的条款通常会包括设计和建设两部分内容。

一、项目的设计

（一）设计的范围。

根据项目的规模和复杂程度，一般来讲设计可以分为三个或四个阶段。对于土建项目，设计通常分为可行性研究、初步设计（或初始设计）和施工图设计（或施工设计）三个阶段；对于工业项目（包括工艺装备设施）以及复杂的基础设施项目，通常还要在上述初步设计和施工图设计阶段之间增加一个扩初设计（或技术设计）阶段。

根据政府已完成设计工作的多少，PPP项目合同中约定的设计范围也会有所不同：如果政府仅编制了项目产出说明和可行性研究报告，项目公司将承担主要的设计工作；如果政府已完成了一部分设计工作（如已完成初步设计），则项目公司的设计范围也会相应缩小。

（二）设计工作的分工。

根据项目具体情况的不同，PPP项目合同中对于设计工作的分工往往会有不同。常见的设计工作分工包括：

1.可行性研究报告、项目产出说明——由政府或社会资本方完成。

如果PPP项目由政府发起，则应由政府自行完成可行性研究报告和项目产出说明的编制工作；如果PPP项目由社会资本发起，则可行性研究报告和项目产出说明由社会资本方完成。

无论可行性研究报告和项目产出说明由谁完成，其均应作为采购文件以及最终签署的合同文件的重要组成部分。

2.初步设计和施工图设计——由项目公司完成。

在PPP项目合同签署后，项目公司负责编制或最终确定初步设计和施工图设计，并完成全部的设计工作。

（三）项目设计要求。

在PPP项目合同签订之前，双方应协商确定具体的项目设计要求和标准，并在PPP项目合同中予以明确约定。确定项目设计要求和标准的依据通常包括：

1.政府编制或项目公司编制并经政府方审查同意的可行性研究报告和项目产出说明；

2.双方约定的其他技术标准和规范；

3.项目所在地区和行业的强制性技术标准；

4.建设工程相关法律法规的规定，例如建筑法、环境保护法、产品质量法等。

（四）设计的审查。

在PPP项目中，虽然设计工作通常主要由项目公司承担，但政府方享有在一定的期限内审查设计文件并提出意见的权利，这也是政府方控制设计质量的重要途径。设计审查条款通常包括以下内容：

1. 政府方有权审查由项目公司制作的任何设计文件（特别是初步设计以及施工图设计），项目公司有义务将上述文件提交政府方审查。

2. 政府方应当在约定期限内（通常在合同明确约定）审查设计文件。如果设计文件中存在任何不符合合同约定的内容，政府方可以要求项目公司对不符合合同的部分进行修正，有关修正的风险、费用由项目公司承担；如果政府方在上述约定期限内未提出审查意见，约定审查期限届满后项目公司即可实施项目设计方案并开始项目建设。

3. 如项目公司对政府方提出的意见存在异议，可以提交争议解决程序处理。

政府方的上述审查不能减轻或免除项目公司依法履行相关设计审批程序的义务。

（五）项目设计责任。

在PPP项目中，通常由项目公司对其所作出的设计承担全部责任。该责任不因该设计已由项目公司分包给其他设计单位或已经政府方审查而被豁免或解除。

二、项目的建设

在PPP项目合同中，要合理划分政府方与项目公司在建设期间的权利义务，更好地平衡双方的不同诉求，确保项目的顺利实施。

（一）项目建设要求。

1. 建设标准要求。

与项目设计类似，在PPP项目合同签订之前，双方应协商确定具体的项目建设标准，并规定在PPP项目合同中。常见的建设标准和要求包括：

（1）设计标准，包括设计生产能力或服务能力、使用年限、工艺路线、设备选型等；

（2）施工标准，包括施工用料、设备、工序等；

（3）验收标准，包括验收程序、验收方法、验收标准；

（4）安全生产要求；

（5）环境保护要求；等等。

项目的建设应当依照项目设计文件的要求进行，并且严格遵守建筑法、环境保护法、产品质量法等相关法律法规的规定以及国家、地方及行业强制性标准的要求。项目建设所依据的相关设计文件和技术标准通常会作为PPP项目合同的附件。

2.建设时间要求。

在PPP项目合同中,通常会明确约定项目的建设工期及进度安排。在完工时间对于项目具有重大影响的项目中,还会在合同中进一步明确具体的完工日期或开始运营日。

(二)项目建设责任。

在PPP项目中,通常由项目公司负责按照合同约定的要求和时间完成项目的建设并开始运营,该责任不因项目建设已部分或全部由项目公司分包给施工单位或承包商实施而豁免或解除。

当然,在PPP项目中,项目建设责任对项目公司而言是约束与激励并存的。在确保项目按时按质量完工方面,项目公司除了客观上要受合同义务约束之外,还会有额外的商业动机,因为通常只有项目开始运营,项目公司才有可能获得付费。

(三)政府方对项目建设的监督和介入。

1.概述。

为了能够及时了解项目建设情况,确保项目能够按时开始运营并满足合同约定的全部要求,政府方往往希望对项目建设进行必要的监督或介入,并且通常会在PPP项目合同中约定一些保障政府方在建设期的监督和介入权利的条款。

这种政府方的监督和介入权应该有多大,也是项目建设条款的核心问题。需要强调的是,PPP项目与传统的建设采购项目完全不同,政府方的参与必须有一定的限度,过度的干预不仅会影响项目公司正常的经营管理以及项目的建设和投运,而且还可能将本已交由项目公司承担的风险和管理角色又揽回到政府身上,从而违背PPP项目的初衷。

2.政府对项目建设的监督和介入权利主要包括(关于政府的监督和介入机制,请见本章第十七节):

(1)定期获取有关项目计划和进度报告及其他相关资料;

(2)在不影响项目正常施工的前提下进场检查和测试;

（3）对建设承包商的选择进行有限的监控（例如设定资质要求等）；

（4）在特定情形下，介入项目的建设工作；等等。

第八节　项目的运营

在PPP项目中，项目的运营不仅关系到公共产品或服务的供给效率和质量，而且关系到项目公司的收入，因此对于政府方和项目公司而言都非常关键。有关项目运营的条款通常包括开始运营的时间和条件、运营期间的权利与义务以及政府方和公众对项目运营的监督等内容。

一、开始运营

（一）概述。

开始运营，是政府方和项目公司均非常关注的关键时间点。对政府方而言，项目开始运营意味着可以开始提供公共产品或服务，这对于一些对时间要求较高的特殊项目尤为重要。例如奥运会场馆如果没有在预定的时间完工，可能会造成极大的影响和损失。

对项目公司而言，在多数PPP项目中，项目公司通常只有项目开始运营后才能开始获得付费。因此，项目尽早开始运营，意味着项目公司可以尽早、尽可能长时间的获得收入。基于上述原因，开始运营的时间和条件也是双方的谈判要点。

（二）开始运营的条件。

1.一般条件。

在订立PPP项目合同时，双方会根据项目的技术特点和商业特性约定开始运营的条件，以确定开始运营及付费的时间点。常见的条件包括：

（1）项目的建设已经基本完工（除一些不影响运营的部分）并且已经达到满足项目目的的水平；

（2）已按照合同中约定的标准和计划完成项目试运营；

（3）项目运营所需的审批手续已经完成（包括项目相关的备案审批和竣工验收手续）；

（4）其他需要满足项目开始运营条件的测试和要求已经完成或具备。

2.具体安排。

在一些PPP项目中，开始运营与建设完工为同一时间，完工日即被认定为开始运营日。但在另一些项目中，开始运营之前包括建设完工和试运营两个阶段，只有在试运营期满时才被认定为开始运营。

这种包括试运营期的安排通常适用以下两种情形：

（1）在项目完工后，技术上需要很长的测试期以确保性能的稳定性；

（2）在项目开始运营之前，需要进行大量的人员培训或工作交接。

（三）因项目公司原因导致无法按期开始运营的后果。

如果项目公司因自身原因没有按照合同约定的时间和要求开始运营，将可能承担如下后果：

1.一般的后果：无法按时获得付费、运营期缩短。

通常来讲，根据 PPP 项目合同的付费机制和项目期限机制，如果项目公司未能按照合同约定开始运营，其开始获得付费的时间也将会延迟，并且在项目合作期限固定、不分别设臵建设期和运营期且没有正当理由可以展期的情况下，延迟开始运营意味着项目公司的运营期（即获得付费的期限）也会随之缩短。

2.支付逾期违约金。

一些 PPP 项目合同中会规定逾期违约金条款，即如果项目公司未能在合同约定的日期开始运营，则需要向政府方支付违约金。

需要注意的是，并非所有的 PPP 项目合同中都必然包括逾期违约金条款，特别是在逾期并不会对政府方造成很大损失的情况下，PPP 项目合同中的付费机制和项目期限机制已经足以保证项目公司有动机按时完工，因而无需再另行规定逾期违约金。如果在 PPP 项目合同中加入逾期违约金条款，则应在项目采购阶段对逾期可能造成的损失进行评估，并据此确定逾期违约金的金额和上限（该上限是项目融资方非常关注的要点）。

3.项目终止。

如果项目公司延误开始运营日超过一定的期限（例如，200 日），政府方有权依据 PPP 项目合同的约定主张提前终止该项目（关于终止的后果和处理机制，请见本章第十八节）。

4.履约担保。

为了确保项目公司按时按约履行合同，有时政府方也会要求项目公司以履约保函等形式提供履约担保。如果项目公司没有按照合同约定运营项目，政府方可以依据双方约定的履约担保机制获得一定的赔偿（关于履约担保机制,请见本章第十二节)。

(四)因政府方原因导致无法按期开始运营的后果。

此处的政府方原因包括政府方违约以及在PPP项目合同中约定的由政府方承担的风险,例如政治不可抗力等(关于通常由政府方承担的风险,请见本章第一节)。

1.延长工期和赔偿费用。

因政府方原因导致项目公司无法按期开始运营的,通常项目公司有权主张延迟开始运营日并向政府方索赔额外费用。

2.视为已开始运营。

在一些采用政府付费机制的项目(如电站项目)中,对于因发生政府方违约、政治不可抗力及其他政府方风险而导致项目在约定的开始运营日前无法完工或无法进行验收的,除了可以延迟开始运营日之外,还可以规定"视为已开始运营",即政府应从原先约定的开始运营日起向项目公司付费。

(五)因中性原因导致无法按期开始运营的后果。

此处的中性原因是指不可抗力及其他双方约定由双方共同承担风险的原因。不可抗力是指PPP项目合同签订后发生的,合同双方不能预见、不能避免并不能克服的客观情况,主要是指自然不可抗力,不包括按照合同约定属于政府方和项目公司违约或应由其承担风险的事项。

因中性原因导致政府方或项目公司不能按期开始运营的,受到该中性原因影响的一方或双方均可以免除违约责任(例如违约金、赔偿等),也可以根据该中性原因的影响期间申请延迟开始运营日。

二、运营期间的权利与义务

(一)项目运营的内容。

根据项目所涉行业和具体情况的不同,PPP项目运营的内容也各不相同(关于各个行业的特性和运营特点,请见第四章),例如:

1.公共交通项目运营的主要内容是运营有关的高速公路、桥梁、城市轨道交通等公共交通设施;

2.公用设施项目运营的主要内容是供水、供热、供气、污水处理、垃圾处理等;

3.社会公共服务项目运营的主要内容是提供医疗、卫生、教育等公共服务。

(二）项目运营的标准和要求。

在 PPP 项目的运营期内，项目公司应根据法律法规以及合同约定的要求和标准进行运营。常见的运营标准和要求包括：

1. 服务范围和服务内容；

2. 生产规模或服务能力；

3. 运营技术标准或规范；

4. 产品或服务质量要求；

5. 安全生产要求；

6. 环境保护要求；等等。

为保障项目的运营质量，PPP 项目中通常还会要求项目公司编制运营与维护手册，载明生产运营、日常维护以及设备检修的内容、程序和频率等，并在开始运营之前报送政府方审查。运营维护手册以及具体运营标准通常会作为 PPP 项目合同的附件。

(三）运营责任划分。

一般情况下，项目的运营由项目公司负责。但在一些 PPP 项目，特别是公共服务和公用设施行业下的 PPP 项目中，项目的运营通常需要政府方的配合与协助。在这类项目中，政府方可能需要提供部分设施或服务，与项目公司负责建设运营的项目进行配套或对接，例如垃圾处理项目中的垃圾供应、供热项目中的管道对接等。

具体项目中如何划分项目的运营责任，需要根据双方在运营方面的能力及控制力来具体分析，原则上仍是由最有能力且最有效率的一方承担相关的责任。

(四）暂停服务。

在项目运营过程中不可避免地会因一些可预见的或突发的事件而暂停服务。暂停服务一般包括两类：

1. 计划内的暂停服务。

一般来讲，对项目设施进行定期的重大维护或者修复，会导致项目定期暂停运营。对于这种合理的、可预期的计划内暂停服务，项目公司应在报送运营维护计划时提前向政府方报告，政府方应在暂停服务开始之前给予书面答复或批准，项目公司应尽最大努力将暂停服务的影响降到最低。发生计划内的暂停服务，项目公司不承担不履约的违约责任。

2.计划外的暂停服务。

若发生突发的计划外暂停服务，项目公司应立即通知政府方，解释其原因，尽最大可能降低暂停服务的影响并尽快恢复正常服务。对于计划外的暂停服务，责任的划分按照一般的风险分担原则处理，即

（1）如因项目公司原因造成，由项目公司承担责任并赔偿相关损失；

（2）如因政府方原因造成，由政府方承担责任，项目公司有权向政府方索赔因此造成的费用损失并申请延展项目期限；

（3）如因不可抗力原因造成，双方共同分担该风险，均不承担对对方的任何违约责任。

三、政府方对项目运营的监督和介入

政府方对于项目运营同样享有一定的监督和介入权（请见本章第十七节），通常包括：

1.在不影响项目正常运营的情况下入场检查；

2.定期获得有关项目运营情况的报告及其他相关资料（例如运营维护计划、经审计的财务报告、事故报告等）；

3.审阅项目公司拟定的运营方案并提出意见；

4.委托第三方机构开展项目中期评估和后评价；

5.在特定情形下，介入项目的运营工作；等等。

四、公众监督

为保障公众知情权，接受社会监督，PPP项目合同中通常还会明确约定项目公司依法公开披露相关信息的义务。关于信息披露和公开的范围，一般的原则是，除法律明文规定可以不予公开的信息外（如涉及国家安全和利益的国家秘密），其他的信息均可依据项目公司和政府方的合同约定予以公开披露。实践中，项目公司在运营期间需要公开披露的信息主要包括项目产出标准、运营绩效等，如医疗收费价格、水质报告。

第九节 项目的维护

在PPP项目合同中，有关项目维护的权利义务规定在很多情况下是与项目运营的有关规定重叠和相关的，通常会与项目运营放在一起统一规定，但

也可以单列条款。有关项目维护的条款通常会规定项目维护义务和责任以及政府方对项目维护的监督等内容。

一、项目维护义务和责任

（一）项目维护责任。

在 PPP 项目中，通常由项目公司负责根据合同约定及维护方案和手册的要求对项目设施进行维护和修理，该责任不因项目公司将部分或全部维护事务分包给其他运营维护商实施而豁免或解除。

（二）维护方案和手册。

1.维护方案。

为了更好地保障项目的运营和维护质量，在 PPP 项目合同中，通常会规定项目公司在合同生效后、开始运营日之前编制项目维护方案并提交政府方审核，政府方有权对该方案提出意见。

在双方共同确定维护方案后，项目公司作出重大变更，均须提交政府方。但维护方案的实施是否以取得政府方同意为前提，则需要视维护的技术难度要求、政府方参与维护的程度、政府方希望对维护控制的程度等具体情况而定。

维护方案中通常包括项目运营期间计划内的维护、修理和更换的时间以及费用以及上述维护、修理和更换可能对项目运营产生的影响等内容。

2.维护手册。

对于某些 PPP 项目，特别是技术难度较大的项目，除维护方案外，有时还需要编制详细的维护手册，进一步明确日常维护和设备检修的内容、程序及频率等。

（三）计划外的维护。

如果发生意外事故或其他紧急情况，需要进行维护方案之外的维护或修复工作，项目公司应立即通知政府方，解释其原因，并尽最大努力在最短的时间内完成修复工作。对于计划外的维护事项，责任的划分与计划外暂停服务基本一致，即

1.如因项目公司原因造成，由项目公司承担责任并赔偿相关损失；

2.如因政府方原因造成，由政府方承担责任，项目公司有权向政府方索赔因此造成的费用和损失并申请延展项目期限；

3.如因不可抗力及其他双方约定由双方共同承担风险的原因造成,双方共同分担该风险,均不承担对对方的任何违约责任。

二、政府方对项目维护的监督和介入

政府方对项目维护的监督和介入权,与对项目运营的监督和介入权类似,主要包括:在不影响项目正常运营和维护的情形下入场检查;定期获得有关项目维护情况的报告及其他相关资料;审阅项目公司拟定的维护方案并提供意见;在特定情形下,介入项目的维护工作;等等。

第十节 股权变更限制

在 PPP 项目中,虽然项目的直接实施主体和 PPP 项目合同的签署主体通常是社会资本设立的项目公司,但项目的实施仍主要依赖于社会资本自身的资金和技术实力。项目公司自身或其母公司的股权结构发生变化,可能会导致不合适的主体成为 PPP 项目的投资人或实际控制人,进而有可能会影响项目的实施。鉴此,为了有效控制项目公司股权结构的变化,在 PPP 项目合同中一般会约定限制股权变更的条款。该条款通常包括股权变更的含义与范围以及股权变更的限制等内容。

一、限制股权变更的考虑因素

对于股权变更问题,社会资本和政府方的主要关注点完全不同,合理地平衡双方的关注点是确定适当的股权变更范围和限制的关键。

(一)政府方关注。

对于政府方而言,限制项目公司自身或其母公司的股权结构变更的目的主要是为了避免不合适的主体被引入到项目的实施过程中。由于在项目合作方选择阶段,通常政府方是在对社会资本的融资能力、技术能力、管理能力等资格条件进行系统评审后,才最终选定社会资本合作方。因此如果在项目实施阶段,特别是建设阶段,社会资本将自身或项目公司的部分或全部股权转让给不符合上述资格条件的主体,将有可能直接导致项目无法按照既定目的或标准实施。

(二)社会资本关注。

对社会资本而言,其希望通过转让其所直接或间接持有的部分或全部的项目公司股权的方式,来吸引新的投资者或实现退出。保障其自由转让股权的权利,有利于增加资本灵活性和融资吸引力,进而有利于社会资本更便利地实现资金价值。因此，社会资本当然不希望其自由转让股份的权利受到限制。因此，为更好地平衡上述两方的不同关注，PPP项目合同中需要设定一个适当的股权变更限制机制，在合理的期限和限度内有效地限制社会资本不当变更股权。

二、股权变更的含义与范围

在不同PPP项目中，政府方希望控制的股权变更范围和程度也会有所不同，通常股权变更的范围包括：

（一）直接或间接转让股权。

在国际PPP实践，特别是涉及外商投资的PPP项目中，投资人经常会搭建多层级的投资架构，以确保初始投资人的股权变更不会对项目公司的股权结构产生直接影响。但在一些PPP项目合同中，会将项目公司及其各层级母公司的股权变更均纳入股权变更的限制范围，但对于母公司股权变更的限制，一般仅限于可能导致母公司控股股东变更的情形。例如，在PPP项目合同中规定，在一定的期间内，项目公司的股权变更及其各级控股母公司的控股股权变更均须经过政府的事前书面批准。

（二）并购、增发等其他方式导致的股权变更。

PPP合同中的股权变更，通常并不局限于项目公司或母公司的股东直接或间接将股权转让给第三人，还包括以收购其他公司股权或者增发新股等其他方式导致或可能导致项目公司股权结构或母公司控股股东发生变化的情形。

（三）股份相关权益的变更。

广义上的股权变更，除包括普通股、优先股等股份的持有权变更以外，还包括股份上附着的其他相关权益的变更，例如表决权等。此外，一些特殊债权，如股东借款、可转换公司债等，如果也带有一定的表决权或者将来可转换成股权，则也可能被纳入"股权变更"的限制范围。

（四）兜底规定。

为了确保"股权变更"范围能够全面地涵盖有可能影响项目实施的股权变更，PPP项目合同中往往还会增加一个关于股权变更范围的"兜底性条款"，即"其他任何可能导致股权变更的事项"。

三、股权变更的限制

（一）锁定期。

1.锁定期的含义。

锁定期,是指限制社会资本转让其所直接或间接持有的项目公司股权的期间。通常在PPP项目合同中会直接规定:在一定期间内,未经政府批准,项目公司及其母公司不得发生上文定义的任何股权变更的情形。这也是股权变更限制的最主要机制。

2.锁定期期限。

锁定期的期限需要根据项目的具体情况进行设定,常见的锁定期是自合同生效日起,至项目开始运营日后的一定期限(例如2年,通常至少直至项目缺陷责任期届满)。这一规定的目的是为了确保在社会资本履行完其全部出资义务之前不得轻易退出项目。

3.例外情形。

在锁定期内,如果发生以下特殊的情形,可以允许发生股权变更:

(1) 项目贷款人为履行本项目融资项下的担保而涉及的股权结构变更;

(2) 将项目公司及其母公司的股权转让给社会资本的关联公司;

(3) 如果政府参股了项目公司,则政府转让其在项目公司股权的不受上述股权变更限制。

(二) 其他限制。

除锁定期外,在一些PPP项目合同中还可能会约定对受让方的要求和限制,例如约定受让方须具备相应的履约能力及资格,并继承转让方相应的权利义务等。在一些特定的项目中,政府方有可能不希望特定的主体参与到PPP项目中,因此可能直接在合同中约定禁止将项目公司的股权转让给特定的主体。这类对于股权受让方的特殊限制通常不以锁定期为限,即使在锁定期后,仍然需要政府方的事前批准才能实施。但此类限制通常不应存在任何地域或所有制歧视。

(三) 违反股权变更限制的后果。

一旦发生违反股权变更限制的情形,将直接认定为项目公司的违约行为,情节严重的,政府方将有权因该违约而提前终止项目合同。

第十一节 付费机制

付费机制关系PPP项目的风险分配和收益回报,是PPP项目合同中的核心条款。实践中,需要根据各方的合作预期和承受能力,结合项目所涉的行业、运作方式等实际情况，因地制宜地设臵合理的付费机制。

一、付费机制的分类

在 PPP 项目中，常见的付费机制主要包括以下三类：

（一）政府付费。

政府付费（GovernmentPayment）是指政府直接付费购买公共产品和服务。在政府付费机制下，政府可以依据项目设施的可用性、产品或服务的使用量以及质量向项目公司付费。政府付费是公用设施类和公共服务类项目中较为常用的付费机制，在一些公共交通项目中也会采用这种机制。

（二）使用者付费。

使用者付费（UserCharges）是指由最终消费用户直接付费购买公共产品和服务。项目公司直接从最终用户处收取费用，以回收项目的建设和运营成本并获得合理收益。高速公路、桥梁、地铁等公共交通项目以及供水、供热等公用设施项目通常可以采用使用者付费机制。

（三）可行性缺口补助。

可行性缺口补助（ViabilityGapFunding，简称 VGF）是指使用者付费不足以满足项目公司成本回收和合理回报时，由政府给予项目公司一定的经济补助，以弥补使用者付费之外的缺口部分。可行性缺口补助是在政府付费机制与使用者付费机制之外的一种折衷选择。在我国实践中，可行性缺口补助的形式多种多样，具体可能包括土地划拨、投资入股、投资补助、优惠贷款、贷款贴息、放弃分红权、授予项目相关开发收益权等其中的一种或多种。

二、设置付费机制的基本原则和主要因素

（一）基本原则。

不同 PPP 项目适合采用的付费机制可能完全不同，一般而言，在设臵项目付费机制时需要遵循以下基本原则：既能够激励项目公司妥善履行其合同义务，又能够确保在项目公司未履行合同义务时，政府能够通过该付费机制获得有效的救济。

（二）主要考虑因素。

在设臵付费机制时，通常需要考虑以下因素：

1.项目产出是否可计量。PPP 项目所提供的公共产品或服务的数量和质量是否可以准确计量，决定了其是否可以采用使用量付费和绩效付费方式。

因此，在一些公用设施类和公共服务类PPP项目中，如供热、污水处理等，需要事先明确这类项目产出的数量和质量是否可以计量以及计量的方法和标准，并将上述方法和标准在PPP项目合同中加以明确。

2.适当的激励。付费机制应当能够保证项目公司获得合理的回报，以对项目公司形成适当、有效的激励，确保项目实施的效率和质量。

3.灵活性。鉴于PPP项目的期限通常很长，为了更好地应对项目实施过程中可能发生的各种情势变更，付费机制项下一般也需要设臵一定的变更或调整机制。

4.可融资性。对于需要由项目公司进行融资的PPP项目，在设臵付费机制时还需考虑该付费机制在融资上的可行性以及对融资方吸引力。

5.财政承受能力。在多数PPP项目、尤其是采用政府付费和可行性缺口补助机制的项目中，财政承受能力关系到项目公司能否按时足额地获得付费，因此需要事先对政府的财政承受能力进行评估。

（三）定价和调价机制。

在付费机制项下，通常还要根据相关法律法规规定、结合项目自身特点，设臵合理的定价和调价机制，以明确项目定价的依据、标准，调价的条件、方法和程序，以及是否需要设臵唯一性条款和超额利润限制机制等内容。

鉴于不同付费机制下PPP项目的基本架构和运作方式可能完全不同，相关合同条款约定往往存在较大差异，本指南第三章将对不同付费机制下的核心要素进行详细阐述。此外，不同付费机制、不同行业领域下PPP项目定价和调价的依据、考虑因素和方法也各不相同，将在本指南第三章、第四章中分别进行论述。

第十二节　履约担保

一、概述

（一）履约担保的含义和方式。

在大部分PPP项目中，政府通常会与专门为此项目新设的、没有任何履约记录的项目公司签约。鉴于项目公司的资信能力尚未得到验证，为了确保项目公司能够按照合同约定履约，政府通常会希望项目公司或其承包商、分包商就其履约义务提供一定的担保。本节所述的履约担保广义上是指为了保证项目公司按照合同约定履行合同并实施项目所设臵的各种机制。履约担保的方式通常包括履约保证金、履约保函以及其他形式的保证等。

（二）要求项目公司提供履约担保的主要考虑因素。

在传统的采购模式中，政府通常可能会要求项目承包商或分包商通过提供保函或第三人保证（例如母公司担保）等方式为其履约进行担保。

但PPP模式与传统的采购模式有所不同，在要求项目公司提供履约担保时还需要考虑以下因素：

1.社会资本成立项目公司的目的之一就是通过项目责任的有限追索来实现风险剥离（即项目公司的投资人仅以其在项目公司中的出资为限对项目承担责任），因此多数情况下项目公司的母公司本身可能并不愿意为项目提供额外的担保；

2.PPP项目本身通常已经设臵了一些保证项目公司按合同履约的机制（例如付费机制和项目期限机制等），足以激励和约束项目公司妥善履约；

3.在PPP项目中并非采用的担保方式越多、担保额度越大对政府越有利，因为实际上每增加一项担保均会相应增加项目实施的成本。

（三）选择履约担保方式的基本原则。

为了更好地实现物有所值原则，在具体项目中是否需要项目公司提供履约担保、需要提供何种形式的担保以及担保额度，均需要具体分析和评估。一般的原则是，所选用的担保方式可以足够担保项目公司按合同约定履约，且在出现违约的情形下政府有足够的救济手段即可。

如果该项目公司的资信水平和项目本身的机制足以确保项目公司不提供履约担保同样能够按照合同约定履约，且在项目公司违约的情形下，政府有足够的救济手段，则可以不需要项目公司提供履约担保。

反言之，如果项目公司资信和项目机制均不足以确保项目公司按合同约定履约，同时项目公司违约时，政府缺乏充足有效的救济手段，则需要项目公司提供适当的履约担保。

二、常见的履约担保方式——保函

在PPP实践中，最为常见、有效的履约担保方式是保函。保函是指金融机构（通常是银行）应申请人的请求，向第三方（即受益人）开立的一种书面信用担保凭证，用以保证在申请人未能按双方协议履行其责任或义务时，由该金融机构代其履行一定金额、一定期限范围内的某种支付责任或经济赔偿责任。在出具保函时，金融机构有可能要求申请人向金融机构提供抵押或者质押。

为了担保项目公司根据 PPP 项目合同约定的时间、质量实施项目、履行义务，政府可以要求项目公司提供一个或多个保函，具体可能包括建设期履约保函、维护保函、移交维修保函等。在 PPP 项目中，保函既包括项目公司向政府提供的保函，也包括项目承包商、分包商或供应商为担保其合同义务履行而向项目公司或直接向政府提供的保函。

政府可能根据项目的实际情况，要求项目公司在不同期间提供不同的保函，常见的保函包括：

（一）建设期的履约保函。

建设期履约保函是比较常见的一种保函，主要用于担保项目公司在建设期能够按照合同约定的标准进行建设，并且能够按时完工。该保函的有效期一般是从项目合同全部生效之日起到建设期结束。

（二）运营维护期的履约保函/维护保函。

运营维护期的履约保函，也称维护保函，主要用以担保项目公司在运营维护期内按照项目合同的约定履行运营维护义务。该保函的有效期通常视具体项目而定，可以一直到项目期限终止。

在项目期限内，项目公司有义务保证该保函项下的金额一直保持在一个规定的金额，一旦低于该金额，项目公司应当及时将该保函恢复至该规定金额。

（三）移交维修保函。

在一些 PPP 项目中，还可能会约定移交维修保函。移交维修保函提交时点一般在期满终止日 12 个月之前，担保至期满移交后 12 个月届满。

与此同时，在 PPP 项目合同签订前，政府还可能要求项目公司提供下列保函：

（一）投标保函。

在许多 PPP 项目中，政府会要求参与项目采购的社会资本提供一个银行保函，作为防止恶意参与采购的一项保障（如社会资本参与采购程序仅仅是为了获取商业信息，而没有真正的签约意图）。这类保函通常在采购程序结束并且选定社会资本同意或正式签署 PPP 项目合同时才会予以返还。因此，投标保函并不直接规定在PPP项目合同中,因为一旦签署了PPP项目合同,投标保函即被返还并且失效。

(二)担保合同前提条件成就的履约保函。

在一些PPP项目中,为了确保项目公司能够按照规定的时间达成融资交割等PPP项目合同中约定的前提条件,政府可能会要求项目公司在签署PPP项目合同之前向政府提交一份履约保函,以担保合同前提条件成就。该保函通常在PPP项目合同条款全部生效之日即被返还并失效(关于前提条件,请见本章第四节)。

第十三节 政府承诺

为了确保PPP项目的顺利实施,在PPP项目合同中通常会包括政府承诺的内容,用以明确约定政府在PPP项目实施过程中的主要义务。一般来讲,政府承诺需要同时具备以下两个前提:一是如果没有该政府承诺,会导致项目的效率降低、成本增加甚至无法实施;二是政府有能力控制和承担该义务。

由于PPP项目的特点和合作内容各有不同,需要政府承担的义务有可能完全不同。在不同PPP项目合同中,政府承诺有可能集中规定在同一条款项下,也有可能散见于不同条款中。实践中较为常见的政府承诺如下:

一、付费或补助

在采用政府付费机制的项目中,政府按项目的可用性、使用量或绩效来付费是项目的主要回报机制;在采用可行性缺口补助机制的项目中,也需要政府提供一定程度的补助。对于上述两类项目,按照合同约定的时间和金额付费或提供补助是政府的主要义务。

在一些供电、供气等能源类项目中,可能会设臵"照付不议"的付费安排,即政府在项目合同中承诺一个最低采购量,如果项目公司按照该最低采购量供应有关能源并且不存在项目公司违约等情形,不论政府是否需要采购有关能源,其均应按照上述最低采购量付费。

二、负责或协助获取项目相关土地权利

在一些PPP项目合同中,根据作为一方签约主体的政府方的职权范围以及项目的具体情形不同,政府方有可能会承诺提供项目有关土地的使用权或者为项目公司取得相关土地权利提供必要的协助(关于土地取得的机制,请见本章第六节)。

三、提供相关连接设施

一些 PPP 项目的实施，可能无法由项目公司一家独自完成，还需要政府给予一定的配套支持，包括建设部分项目配套设施，完成项目与现有相关基础设施和公用事业的对接等。例如，在一些电力项目中，除了电厂建设本身，还需要建设输电线路以及其他辅助连接设施用以实现上网或并网发电，这部分连接设施有可能由政府方建设或者由双方共同建设。因此，在这类 PPP 项目中，政府方可能会承诺按照一定的时间和要求提供其负责建设的部分连接设施。

四、办理有关政府审批手续

通常 PPP 项目的设计、建设、运营等工作需要获得政府的相关审批后才能实施。为了提高项目实施的效率，一些 PPP 项目合同中，政府方可能会承诺协助项目公司获得有关的政府审批。尤其是对于那些项目公司无法自行获得或者由政府方办理会更为便利的审批，甚至可能会直接规定由政府方负责办理并提供合法有效的审批文件。但政府承诺的具体审批范围以及承诺的方式，需要根据法律法规的有关规定、项目具体情况以及获得相关审批的难易程度作具体评估。

五、防止不必要的竞争性项目

在采用使用者付费机制的项目中，项目公司需要通过从项目最终用户处收费以回收投资并获取收益，因此，必须确保有足够的最终用户会使用该项目设施并支付费用。鉴此，在这类项目的 PPP 项目合同中，通常会规定政府方有义务防止不必要的竞争性项目，即通常所说的唯一性条款。例如，在公路项目中，通常会规定政府承诺在一定年限内、在 PPP 项目附近一定区域不会修建另一条具有竞争性的公路（关于唯一性条款，请见第四章第一节）。

六、其他承诺

在某些 PPP 项目合同中也有可能规定其他形式的政府承诺。例如，在污水处理和垃圾处理项目中，政府可能会承诺按时提供一定量的污水或垃圾以保证项目的运营。

第十四节 保险

在项目合同谈判中，通常只有在最后阶段才会谈及项目相关的保险问题，因此这一问题也极易被有关各方所忽略。然而，能否获得相关保险、保险覆盖的范围等问题恰恰是项目风险的核心所在，需要政府与项目公司在谈判中予以重点关注。本节将就项目保险所涉的相关问题进行概述。

需要特别说明的是，保险并不能覆盖项目的所有风险，对于具体项目涉及的具体风险而言，保险也并不一定是最适合的风险应对方式。此外，由于保险是一个复杂且专业的领域，具体项目需要购买哪些保险还需要根据项目的具体情况来制定保险方案，并参考专业保险顾问的意见。

一、一般保险义务

（一）购买和维持保险义务。

大多数PPP项目合同会约定由项目公司承担购买和维持保险的相关义务，具体可能包括：

1.在整个PPP项目合作期限内，购买并维持项目合同约定的保险，确保其有效且达到合同约定的最低保险金额；

2.督促保险人或保险人的代理人在投保或续保后尽快向政府提供保险凭证，以证明项目公司已按合同规定取得保单并支付保费；

3.如果项目公司没有购买或维持合同约定的某项保险，则政府可以投保该项保险，并从履约保函项下扣抵其所支付的保费或要求项目公司偿还该项保费；

4.向保险人或保险代理人提供完整、真实的项目可披露信息；

5.在任何时候不得作出或允许任何其他人作出任何可能导致保险全部或部分失效、可撤销、中止或受损害的行为；

6.当发生任何可能影响保险或其项下的任何权利主张的情况或事件时，项目公司应立即书面通知政府方；

7.尽一切合理努力协助政府或其他被保险人及时就保险提出索赔或理赔；等等。

（二）保单要求。

在PPP项目合同中，政府方可能会要求保单满足以下要求：

1.项目公司应当以政府方及政府方指定的机构作为被保险人进行投保；

2.保险人同意放弃对政府方行使一些关键性权利，比如代位权（即保险人代替被保险人向政府及其工作人员主张权利）、抵扣权（根据《保险法》第六十条第二款规定：前款规定的保险事故发生后，被保险人已经从第三者取得损害赔偿的，保险人赔偿保险金时，可以相应扣减被保险人从第三者已取得的赔偿金额）以及多家保险公司共同分摊保险赔偿的权利，等等。

3.在取消保单、不续展保单或对保单做重大修改等事项发生时提前向政府方发出书面通知。当然，实践中政府方需要根据项目实际情况以及保险人的意愿确定具体的保单要求。

（三）保险条款变更。

由于保险条款的变更可能对项目风险产生影响，一般情况下，合同中会规定未经政府方同意，不得对保险合同的重要条款（包括但不限于保险范围、责任限制以及免赔范围等等）做出实质性变更。

政府方在审议保险条款变更事项时，需要结合当时的市场情况，分析保险条款变更是否会对项目整体保险方案产生影响以及影响的程度等。

二、常见的保险种类

在选择需要投保的险种时，各方需要考虑项目的具体风险以及相关保险能否在当地获得。实践中，可供选择的险种包括但不限于：

（一）货物运输保险。

投保货物运输相关保险主要是为了转移项目相关的材料和设备在运输途中遭遇损坏或灭失的风险。主要分为海洋货物运输保险、国内水路货物运输保险、国内陆路货物运输保险、航空货物运输保险、和其他货物运输保险。

（二）建筑工程一切险。

建筑工程一切险是针对在项目现场的所有作业和财产的保险。这一保险主要承保因保险合同所列除外责任以外的自然灾害或意外事故造成的在建工程物质损失。同时，可以加保第三者责任险，以使保险公司承保与建筑工程直接相关的、由意外事故或由建筑作业所造成的工地内或邻近地区内的第三者人身伤亡或财产损失。

（三）安装工程一切险。

安装工程一切险是采用除外列明方式，为机器设备的安装和调试提供一切险保障。安装工程一切险承保被保险工程项目在安装过程中由于自然灾害、意外事故（不包括保险条款中规定的除外责任）等造成的物质损坏或灭失，以及与所承保工程直接相关的意外事故引起工地内及邻近区域的第三者人身伤亡、疾病或财产损失。

（四）第三者责任险。

从项目开始建设到特许权期结束的整个期间内，项目公司都要确保已对在项目所在地发生的、因实施工程或运营导致的第三者人身伤害或财产损失进行投保。这项保险非常重要，保险覆盖的风险事件应当尽可能的宽泛。

（五）施工机具综合保险。

这一保险通常是指在工程建设、安装、运营测试及调试期间，就项目公司选定的承包商自有或其租赁的施工机具的损坏或灭失的可保风险进行投保。具体承保的范围与除外责任，依具体保险合同的约定可能略有不同，投保的范围也需要根据项目作业的类型，以及关键设备的数量来定。

（六）雇主责任险。

这一保险通常是对所有雇员在从事与工程建设和运营有关的业务工作时，因遭受意外或患与业务有关的国家规定的职业性疾病而致伤、残或死亡的，对被保险人依照劳动合同和我国法律须承担的医疗费及赔偿责任等进行投保。

第十五节　守法义务及法律变更

PPP项目合同中的守法义务及法律变更机制，可能会规定在同一条款中，也可能散见于不同条款项下，通常包括以下几部分内容：

一、法律的含义（通常会规定在合同的定义中）

法律通常是一个比较宽泛的概念。根据我国《立法法》的规定，广义的法律主要包括：

（一）全国人民代表大会及常务委员会制定的法律（狭义的"法律"）；

（二）全国人民代表大会常务委员会制定的法律解释（"法律解释"）；

（三）国务院制定的行政法规，各省、自治区、直辖市人民代表大会及其常务委员会制定的地方性法规、自治条例、单行条例（"行政法规"）；

（四）国务院各部、委员会、中国人民银行、审计署和具有行政管理职能的直属机构制定的部门规章（"部门规章"）；

（五）省、自治区、直辖市和较大的市的人民政府制定的地方政府规章（"地方政府规章"）。

在司法实践中，由各级政府和政府部门出台的一些政策性文件，虽然并不属于《立法法》规定的严格意义上的法律范畴，但也具有一定的强制性效力。因此此类规范性文件通常也会包含在PPP项目合同中"法律"的范围

内。

二、守法义务

在PPP项目合同中，通常会规定项目公司在实施PPP项目的过程中有义务遵守上述广义"法律"的规定。需要特别强调的是，PPP项目合同中应体现政府采购（包括投资人选择和合同谈判）过程中依据政府采购相关法律已确定的各项要求，例如采购本国货物和服务、保护环境、扶持不发达地区和少数民族地区、促进中小企业发展、技术引进和本地化转移等要求。

三、"法律变更"的定义（通常会规定在合同的定义中）

在我国法律中，对于"法律变更"并没有明文的规定。在PPP项目合同中，法律变更通常会被定义为在PPP项目合同生效日之后颁布的各级人民代表大会或其常务委员会或有关政府部门对任何法律的施行、修订、废止或对其解释或执行的任何变动。

四、法律变更的后果

（一）政府方可控的法律变更的后果。

在PPP项目中，某些法律变更事件可能是由作为PPP项目合同签约主体的政府方直接实施或者在政府方职权范围内发生的，例如由该政府方、或其内设政府部门、或其下级政府所颁行的法律。对于此类法律变更，可认定为政府方可控的法律变更，具体后果可能包括：

1.在建设期间，如果因发生政府方可控的法律变更导致项目发生额外费用或工期延误，项目公司有权向政府方索赔额外费用或要求延长工期（如果是采用政府付费机制的项目，还可以要求认定"视为已开始运营"）；

2.在运营期间，如果因发生政府方可控的法律变更导致项目公司运营成本费用增加，项目公司有权向政府方索赔额外费用或申请延长项目合作期限；

3.如果因发生政府方可控的法律变更导致合同无法继续履行，则构成"政府违约事件"，项目公司可以通过违约条款及提前终止机制等进行救济（关于违约及提前终止，请见本章第十八节）。

（二）政府方不可控的法律变更的后果。

对于超出政府方可控范围的法律变更，如由国家或上级政府统一颁行的法律等，应视为不可抗力，按照不可抗力的机制进行处理。在某些PPP项目合同中，也有可能将此类法律变更直接定义为政治不可抗力，并约定由政府方承担该项风险（关于不可抗力的机制，请见本章第十六节）。

第十六节 不可抗力

不可抗力条款是 PPP 项目合同中一个重要的免责条款，用于明确一些双方均不能控制又无过错的事件的范围和后果，通常包括不可抗力的定义和种类以及不可抗力的法律后果两部分内容。

一、不可抗力的定义和种类

在 PPP 实践中，关于不可抗力并没有统一的定义，通常情况下，合同方在确定不可抗力的定义和范围时会参照项目所在国关于不可抗力的法律规定以及项目的风险分配方案。

我国《合同法》第一百一十七条规定，"不可抗力是指不能预见、不能避免并不能克服的客观情况"。实践中，合同中有时会约定只有不可抗力事件发生且其效果持续一定期间以上足以影响合同的正常履行，才构成合同约定的不可抗力。

（一）定义方式。

常见的不可抗力界定方式包括概括式、列举式和概括加列举式三种。

单纯的概括式定义过于笼统，容易引起合同执行过程中的争议；而单纯列举式的无法穷尽，容易有所遗漏。鉴此，多数 PPP 项目合同采用的是概述加列举式，即先对不可抗力进行概括的定义，再列举具体的不可抗力情形，最后再加一个兜底的表述。例如："本合同所称的不可抗力，是指合同一方无法预见、控制、且经合理努力仍无法避免或克服的、导致其无法履行合同项下义务的情形，包括但不限于：台风、地震、洪水等自然灾害；战争、罢工、骚乱等社会异常现象；征收征用等政府行为；以及双方不能合理预见和控制的任何其他情形。

（二）不可抗力的特殊分类。

鉴于 PPP 项目合同的签约主体一方为政府，其所控制风险的范围和能力与一般的签约主体不同，因此实践中一些 PPP 项目合同会将不可抗力事件分为政治不可抗力和自然不可抗力，并对不同类型不可抗力事件的法律后果进行区别处理。

1. 政治不可抗力。

政治不可抗力事件通常包括非因签约政府方原因导致的、且不在其控制下的征收征用、法律变更（即"政府不可控的法律变更"）、未获审批等政府行为引起的不可抗力事件。

在PPP实践中，考虑到政府方作为PPP项目合同的签约主体，对于上述不可抗力事件具有一定的影响能力，因此一些PPP项目合同中，将此类政治不可抗力事件归为政府方应承担的风险，并约定如下的法律后果：

（1）发生政治不可抗力事件，项目公司有权要求延长工期、获得额外补偿或延长项目合作期限；

（2）如因政治不可抗力事件导致项目提前终止，项目公司还可获得比其他不可抗力事件更多的回购补偿，甚至可能包括利润损失（关于回购补偿机制，请见本章第十八节）。

2.自然不可抗力。

主要是指台风、冰雹、地震、海啸、洪水、火山爆发、山体滑坡等自然灾害；有时也可包括战争、武装冲突、罢工、骚乱、暴动、疫情等社会异常事件。这类不可抗力则通常按照一般不可抗力的法律后果处理（见下文）。

二、不可抗力的法律后果

在PPP项目合同中，除政治不可抗力外，一般不可抗力的法律后果通常包括：

（一）免于履行。

如在PPP项目合同履行过程中，发生不可抗力并导致一方完全或部分无法履行其合同义务时，根据不可抗力的影响可全部或部分免除该方在合同项下的相应义务。

但在一些PPP项目，特别是采用政府付费机制的项目中，也可能在PPP项目合同中约定由政府方承担全部或部分不可抗力风险，在不可抗力影响持续期间，政府仍然有义务履行全部或部分付款义务。

（二）延长期限。

如果不可抗力发生在建设期或运营期，则项目公司有权根据该不可抗力的影响期间申请延长建设期或运营期。

（三）免除违约责任。

不可抗力条款启动后，在不可抗力事件持续期间（或双方另外约定的期间），受影响方无需为其中停止履约或履约延误承担违约责任。

（四）费用补偿。

对于不可抗力发生所产生的额外费用，原则上由各方自行承担，政府不会给予项目公司额外的费用补偿。

（五）解除合同。

如果不可抗力发生持续超过一定期间，例如 12 个月，任何一方均有权提出解除合同（关于因不可抗力导致终止后的处理，请见本章第十八节）。

第十七节 政府方的监督和介入

由于 PPP 项目通常是涉及公共利益的特殊项目，从履行公共管理职能的角度出发，政府需要对项目执行的情况和质量进行必要的监控，甚至在特定情形下，政府有可能临时接管项目。PPP 项目合同中关于政府方的监督和介入机制，通常包括政府方在项目实施过程中的监督权以及政府方在特定情形下对项目的介入权两部分内容。

一、政府方的监督权

在项目从建设到运营的各个实施阶段，为了能够更好地了解项目进展、确保项目能够按照合同约定履行，政府方通常会在 PPP 项目合同中规定各种方式的监督权利，这些监督权通常散见于合同的不同条款中。需要特别说明的是，政府方的监督权必须在不影响项目正常实施的前提下行使，并且必须要有明确的限制，否则将会违背 PPP 项目的初衷，将本已交由项目公司承担的风险和管理角色又揽回到政府身上。不同项目、不同阶段下的政府监督权的内容均有可能不同，常见的政府方监督权包括：

（一）项目实施期间的知情权。

在 PPP 项目合同中通常会规定项目公司有义务定期向政府提供有关项目实施的报告和信息，以便政府方及时了解项目的进展情况。政府方的上述知情权贯穿项目实施的各个阶段，每一阶段知情权的内容和实现方式也会有所不同，具体包括：

1.建设期——审阅项目计划和进度报告。

在项目正式开工以前（有时在合同签订前），项目公司有义务向政府提交项目计划书，对建设期间重要节点作出原则规定，以保障按照该工程进度在约定的时间内完成项目建设并开始运营。

在建设期间，项目公司还有义务定期向政府提交项目进度报告，说明工程进度及项目计划的完成情况。

有关上述项目计划和进度报告的格式和报送程序，应在PPP项目合同的合同条款或者附件中予以明确约定。

2.运营维护期——审阅运营维护手册和有关项目运营情况的报告。

在开始运营之前，项目公司通常应编制项目运营维护手册，载明生产运营、日常维护以及设备检修的内容、程序和频率等，并在开始运营日之前报送政府备查。

在运营维护期间，项目公司通常还应定期向政府报送有关运营情况的报告或其它相关资料，例如运营维护报告（说明设备和机器的现状以及日常检修、维护状况等）、严重事故报告等。此外，有时政府也会要求项目公司定期提交经审计的财务报告、使用者相关信息资料等。

（二）进场检查和测试。

在PPP项目合同中，有时也会规定在特定情形和一定限制条件下，政府方有权进入项目现场进行检查和测试。

政府方行使进场检查和测试权不得影响项目的正常实施，并且受制于一些特定的条件，例如：需要遵守一般的安全保卫规定，并且不得影响项目的正常建设和运营；履行双方约定的合理通知义务后才可入场；仅在检查建设进度、监督项目公司履约情况等特定目的下才有权进入场地；等等。

（三）对承包商和分包商选择的监控。

有时政府方也希望在建设承包商或者运营维护分包商的选择上进行一定程度的把控。通常可能采取两种途径：

1.在合同中约定建设承包商或运营维护分包商的资质要求。但须特别注意，上述要求必须是保证本项目建设质量或者运营质量所必需的且合理的要求，不得不合理地限制项目公司自行选择承包商或分包商的权利。

2.事先知情权。要求项目公司在签订工程承包合同或运营维护合同前事先报告政府方，由政府方在规定的期限（例如，5个工作日）内确认该承包商或分包商是否符合上述合同约定的资质要求；如果在规定期限内，政府方没有予以正式答复，则视为同意项目公司所选择的承包商或分包商。

需要特别说明的是，在PPP项目中，原则上项目公司应当拥有选择承包商和分包商的充分控制权。政府方对于项目质量的控制一般并不依赖于对承包商及分包商选择的直接控制，而是通过付费机制和终止权利来间接把控项目的履约。例如，如果项目质量无法达到合同约定的标准，项目的付费就会被扣减，甚至在严重情形下，政府方可以终止项目。

（四）参股项目公司。

在 PPP 实践中，为了更直接地了解项目的运作以及收益情况，政府也有可能通过直接参股项目公司的方式成为项目公司股东甚至董事（即使政府所持有的股份可能并不多），以便更好地实现知情权。在这种情形下，原则上政府与其他股东相同，享有作为股东的基本权益，同时也需履行股东的相关义务，并承担项目风险，但是经股东协商一致，政府可以选择放弃部分权益或者可能被免除部分义务。有关政府与其他股东的权利义务安排，通常会规定在项目公司的股东协议中。

二、政府方的介入权

除了上述的一般监督权，在一些 PPP 项目合同中，会赋予政府方在特定情形下（如紧急情况发生或者项目公司违约）直接介入项目实施的权利。但与融资方享有的介入权不同，政府方的介入权通常适用于发生短期严重的问题且该问题需要被快速解决，而政府方在解决该问题上更有优势和便利的情形，通常包括项目公司未违约情形下的介入和项目公司违约情形下的介入两类。需要注意的是，上述介入权是政府一项可以选择的权利，而非必须履行的义务。

（一）项目公司未违约情形下的介入。

1.政府方可以介入的情形。

为了保证项目公司履行合同不会受到不必要的干预，只有在特定的情形下，政府方才拥有介入的权利。常见的情形包括：

（1）存在危及人身健康或安全、财产安全或环境安全的风险；

（2）介入项目以解除或行使政府的法定责任；

（3）发生紧急情况，且政府合理认为该紧急情况将会导致人员伤亡、严重财产损失或造成环境污染，并且会影响项目的正常实施。

如果发生上述情形，政府方可以选择介入项目的实施，但政府方在介入项目之前必须按 PPP 项目合同中约定的通知程序提前通知项目公司，并且应当遵守合同中关于行使介入权的要求。

2.政府方介入的法律后果。

在项目公司未违约的情形下,发生了上述政府方可以介入的情形,政府方如果选择介入项目,需要按照合同约定提前通知项目公司其介入的计划以及介入的程度。该介入的法律后果一般如下:

(1) 在政府方介入的范围内,如果项目公司的任何义务或工作无法履行,这些义务或工作将被豁免;

(2) 在政府方介入的期间内,如果是采用政府付费机制的项目,政府仍应当按照合同的约定支付服务费或其他费用,不论项目公司是否提供有关的服务或是否正常运营;

(3) 因政府方介入引发的所有额外费用均由政府承担。

(二)项目公司违约情形下的介入。

如果政府方在行使监督权时发现项目公司违约,政府方认为有可能需要介入的,通常应在介入前按照PPP项目合同的约定书面通知项目公司并给予其一定期限自行补救;如果项目公司在约定的期限内仍无法补救,政府方才有权行使其介入权。

政府方在项目公司违约情形下介入的法律后果一般如下:

1.政府方或政府方指定第三人将代项目公司履行其违约所涉及的部分义务;

2.在项目公司为上述代为履行事项提供必要协助的前提下,在政府方介入的期间内,如果是采用政府付费或可行性缺口补助机制的项目,政府方仍应当按照合同约定就不受违约影响部分的服务或产品支付费用或提供补助;

3.任何因政府方介入产生的额外费用均由项目公司承担,该部分费用可从政府付费中扣减或者由项目公司另行支付;

4.如果政府方的介入仍然无法补救项目公司的违约,政府方仍有权根据提前终止机制终止项目合同(关于提前终止机制,请见本章第十八节)。

第十八节 违约、提前终止及终止后处理机制

违约和提前终止条款是PPP项目合同中的重要条款之一,通常会规定违约事件、终止事由以及终止后的处理机制等内容。

一、违约事件

(一)概述。

在PPP项目合同中,通常会明确约定可能导致合同终止的违约事件,这

些违约事件通常是由于合同一方违反PPP项目合同中的重大义务而引起的。

违约事件的发生并不直接导致项目合同终止。在PPP项目合同中，通常会规定通知和补救程序，即如果在PPP项目合同履行过程中发生违约事件，未违约的合同相对方应及时通知违约方，并要求违约方在限期内进行补救，如违约方在该限期内仍无法补救的，则合同相对方有权终止PPP项目合同。

此处有一种特殊情形，即在PPP项目合同中，规定了融资方介入权或者政府、融资方和项目公司三方签署了直接接入协议的情形下，项目公司违约事件发生且在限期内无法补救时，还会允许融资方或其指定的第三方进行补救（关于融资方介入权，请见本章第五节）。

（二）违约事件的界定方式。

实践中，不同的PPP项目合同对于违约事件的界定方式可能不同，通常包括概括式、列举式以及概括加列举式三种，其中概括加列举式在PPP项目合同中更为常见。通过列举的方式可以更加明确构成违约事件的情形，从而避免双方在违约事件认定时产生争议。为此，在PPP项目合同起草和谈判过程中，双方应对哪些事项构成违约事件进行认真判别，并尽可能地在PPP项目合同中予以明确约定。

（三）政府方违约事件。

在约定政府方违约事件时，应谨慎考虑这些事件是否处于政府方能够控制的范围内并且属于项目项下政府应当承担的风险。

常见的政府方违约事件包括：

1.未按合同约定向项目公司付费或提供补助达到一定期限或金额的。

2.违反合同约定转让PPP项目合同项下义务。

3.发生政府方可控的对项目设施或项目公司股份的征收或征用的（是指因政府方导致的或在政府方控制下的征收或征用，如非因政府方原因且不在政府方控制下的征收征用，则可以视为政治不可抗力）。

4.发生政府方可控的法律变更导致PPP项目合同无法继续履行的。

5.其他违反PPP项目合同项下义务，并导致项目公司无法履行合同的情形。

（四）项目公司违约事件。

在约定项目公司违约事件时，政府方通常希望列举的违约事件越多越好，最好能是敞口的列举，而项目公司则更倾向于明确的定义和有限的列举。需要强调的是，如果项目公司违约事件约定过多，不仅会影响项目公司参与PPP项目的积极性，而且会增加项目的融资难度和成本，进而导致项目整体成本的增加。因此在实践中，需要合理平衡双方的利益，原则上项目公司违约事件应当属于该项目项下项目公司应当承担的风险。常见的项目公司违约事件包括但不限于：

1.项目公司破产或资不抵债的。

2.项目公司未在约定时间内实现约定的建设进度或项目完工、或开始运营，且逾期超过一定期限的。

3.项目公司未按照规定的要求和标准提供产品或服务，情节严重或造成严重后果的。

4.项目公司违反合同约定的股权变更限制的。

5.未按合同约定为PPP项目或相关资产购买保险的。

二、提前终止的事由

（一）概述。

在PPP项目合同中，可能导致项目提前终止的事由通常包括：

1.政府方违约事件——发生政府方违约事件，政府方在一定期限内未能补救的，项目公司可根据合同约定主张终止PPP项目合同。

2.项目公司违约事件——发生项目公司违约事件，项目公司和融资方或融资方指定的第三方均未能在规定的期限内对该违约进行补救的，政府方可根据合同约定主张终止PPP项目合同。

3.政府方选择终止——政府方在项目期限内任意时间可主张终止PPP项目合同（关于政府方选择终止的适用范围，请见下文）。

4.不可抗力事件——发生不可抗力事件持续或累计达到一定期限，任何一方可主张终止PPP项目合同。

（二）政府方选择终止。

由于PPP项目涉及公共产品或服务供给，关系社会公共利益，因此PPP项目合同中，政府方应当享有在特定情形下（例如，PPP项目所提供的公共产品或服务已经不合适或者不再需要，或者会影响公共安全和公共利益）单方面决定终止项目的权利。但在PPP项目实践中，政府方的此项权利应当予以明确限定,以免被政府方滥用,打击社会资本参与PPP项目的积极性;同时,政府方在选择终止时需要给予项目公司足额的补偿(关于补偿的原则,请见下文)。

三、终止后的处理机制

在PPP项目合同中,基于不同事由导致的终止,在终止后的处理上也会有所不同。一般来讲,通常会涉及回购义务和回购补偿两方面的事项。

(一)回购义务。

在PPP项目终止后,政府可能并不一定希望全盘回购已经建成或者正在建设的项目设施。但如果政府方有权选择不回购该项目,对于项目公司而言可能是非常重大的风险。因为项目公司不仅将无法继续实施该项目并获得运营回报,甚至无法通过政府回补偿收回前期投资。鉴于此,在PPP项目合同中,对于回购的规定一般会比较谨慎。

实践中,通常只有在项目公司违约导致项目终止的情形下,政府才不负有回购的义务而是享有回购的选择权,即政府可以选择是否回购该项目。但对于一些涉及公共安全和公众利益的、需要保障持续供给的PPP项目,也可能在合同中约定,即使在项目公司违约导致项目终止的情形下,政府仍有回购的义务。

(二)回购补偿。

根据项目终止事由的不同,项目终止后的回购补偿范围也不相同。在具体项目中,双方应对补偿的金额进行合理的评估。常见的安排如下:

1.政府方违约事件、政治不可抗力以及政府方选择终止。对于因政府方违约事件、政治不可抗力以及政府方选择终止所导致的项目合同终止,一般的补偿原则是确保项目公司不会因项目提前终止而受损或获得额外利益(即项目公司获得的补偿,等于假设该PPP项目按原计划继续实施的情形下,项目公司能够获得的经济收益)。补偿的范围一般可能包括:

(1)项目公司尚未偿还的所有贷款(其中可能包括剩余贷款本金和利息、逾期偿还的利息及罚息、提前还贷的违约金等);

(2)项目公司股东在项目终止之前投资项目的资金总和(必要时需要进行审计);

(3)因项目提前终止所产生的第三方费用或其他费用(例如支付承包商

的违约金、雇员的补偿金等);

(4) 项目公司的利润损失(双方通常会在 PPP 项目合同中,约定利润损失的界定标准及补偿比例)。

2.项目公司违约事件。

实践中,对于因项目公司违约事件导致的项目合同终止,如果政府有义务回购或者选择进行回购时,政府需要就回购提供相应补偿。常见的回购补偿计算方法包括:

(1) 市场价值方法,即按照项目终止时合同的市场价值(即再进行项目采购的市场价值)计算补偿金额。此种方法相对比较公平,并且在项目回购后政府必须要在市场中重新进行项目采购,因此通常适用于 PPP 市场相对较为成熟的国家;

(2) 账面价值方法,即按照项目资产的账面价值计算补偿金额。与市场价值方法不同,该计算方法主要关注资产本身的价值而非合同的价值。这种计算方法比较简单明确,可避免纠纷,但有时可能导致项目公司获得的补偿与其实际投资和支付的费用不完全一致。

在具体项目中适用哪一种计算方法,需要进行专项评估,但一般的原则是,尽可能避免政府不当得利并且能够吸引融资方的项目融资。此外,根据上述计算方法计算出的补偿金额,通常还要扣减政府因项目合同终止而产生的相关费用和损失。

3.自然不可抗力。

由于自然不可抗力属于双方均无过错的事件,因此对于自然不可抗力导致的终止,一般的原则是由双方共同分摊风险。通常来讲:

(1) 补偿范围一般会包括未偿还融资方的贷款、项目公司股东在项目终止前投入项目的资金以及欠付承包商的款项;

(2) 补偿一般会扣除保险理赔金额,且不包括预期利润损失。

(三) 补偿的支付。

在 PPP 项目合同中还会约定政府回购补偿的支付方式、时间和程序。具体支付方式包括以下两种:

1.一次性全额支付。

对项目公司而言,当然希望可以一次性获得全额补偿。但对政府而言,一次性全额支付可能会增加政府的资金压力，需要政府进行合理的财政预算安排。

2.分期付款。

分期付款可以在一定程度上缓解政府的资金压力，但是否能够采用这种方式还取决于项目公司和融资方能否同意。此外，如果采用分期付款方式，项目公司一般会向政府主张延期支付的利息，并且在未缴清补偿款前，项目公司一般不愿意移交项目资产，因此采用分期付款方式有可能会影响项目的移交时间。

第十九节　项目的移交

项目移交通常是指在项目合作期限结束或者项目合同提前终止后，项目公司将全部项目设施及相关权益以合同约定的条件和程序移交给政府或者政府指定的其他机构。

项目移交的基本原则是，项目公司必须确保项目符合政府回收项目的基本要求。项目合作期限届满或项目合同提前终止后，政府需要对项目进行重新采购或自行运营的，项目公司必须尽可能减少移交对公共产品或服务供给的影响，确保项目持续运营。

一、移交范围

起草合同移交条款时，首先应当根据项目的具体情况明确项目移交的范围，以免因项目移交范围不明确造成争议。移交的范围通常包括：

（一）项目设施。

（二）项目土地使用权及项目用地相关的其他权利。

（三）与项目设施相关的设备、机器、装置、零部件、备品备件以及其他动产。

（四）项目实施相关人员。

（五）运营维护项目设施所要求的技术和技术信息。

（六）与项目设施有关的手册、图纸、文件和资料（书面文件和电子文档）。

（七）移交项目所需的其他文件。

二、移交的条件和标准

为了确保回收的项目符合政府的预期，PPP项目合同中通常会明确约定项目移交的条件和标准。特别是在项目移交后政府还将自行或者另行选择第三方继续运营该项目的情形下，移交的条件和标准更为重要。通常包括以下两类条件和标准：

（一）权利方面的条件和标准：项目设施、土地及所涉及的任何资产不存在权利瑕疵，其尚未设备任何担保及其他第三人的权利。但在提前终止导致移交的情形下，如移交时尚有未清偿的项目贷款，就该未清偿贷款所设备的担保除外。

（二）技术方面的条件和标准：项目设施应符合双方约定的技术、安全和环保标准，并处于良好的运营状况。在一些PPP项目合同中，会对"良好运营状况"的标准作进一步明确，例如在不再维修情况下，项目可以正常运营3年等。

三、移交程序

（一）评估和测试。

在PPP项目移交前，通常需要对项目的资产状况进行评估并对项目状况能否达到合同约定的移交条件和标准进行测试。实践中，上述评估和测试工作通常由政府方委托的独立专家或者由政府方和项目公司共同组成的移交工作组负责。

经评估和测试，项目状况不符合约定的移交条件和标准的，政府方有权提取移交维修保函，并要求项目公司对项目设施进行相应的恢复性修理、更新重置，以确保项目在移交时满足约定要求。

（二）移交手续办理。

移交相关的资产过户和合同转让等手续由哪一方负责办理，主要取决于合同的约定，多数情况下由项目公司负责。

（三）移交费用（含税费）承担。

关于移交相关费用的承担，通常取决于双方的谈判结果，常见的做法包括：

1.由项目公司承担移交手续的相关费用（这是比较常见的一种安排，而且办理移交手续的相关费用也会在项目的财务安排中予以预先考虑）。

2.由政府方和项目公司共同承担移交手续的相关费用。

3.如果因为一方违约事件导致项目终止而需要提前移交，可以约定由违约方来承担移交费用。

四、转让

(一)项目相关合同的转让。

项目移交时,项目公司在项目建设和运营阶段签订的一系列重要合同可能仍然需要继续履行,因此可能需要将这些尚未履行完毕的合同,由项目公司转让给政府或政府指定的其他机构。为能够履行上述义务,项目公司应在签署这些合同时即与相关合同方(如承包商或运营商)明确约定,在项目移交时同意项目公司将所涉合同转让给政府或政府指定的其他机构。实践中,可转让的合同可能包括项目的工程承包合同、运营服务合同、原料供应合同、产品或服务购买合同、融资租赁合同、保险合同以及租赁合同等。

通常政府会根据上述合同对于项目继续运营的重要性,决定是否进行合同转让。此外,如果这些合同中包含尚未期满的相关担保,也应该根据政府的要求全部转让给政府或者政府指定的其他机构。

(二)技术转让。

在一些对于项目实施专业性要求较高的PPP项目中,可能需要使用第三方的技术(包括通过技术转让或技术许可的方式从第三方取得的技术)。在此情况下,政府需要确保在项目移交之后不会因为继续使用这些技术而被任何第三方进行侵权索赔。

鉴于此,PPP项目合同中通常会约定,项目公司应在移交时将项目运营和维护所需要的所有技术,全部移交给政府或政府指定的其他机构,并确保政府或政府指定的其他机构不会因使用这些技术而遭受任何侵权索赔。如果有关技术为第三方所有,项目公司应在与第三方签署技术授权合同时即与第三方明确约定,同意项目公司在项目移交时将技术授权合同转让给政府或政府指定的其他机构。

此外,PPP项目合同中通常还会约定,如果这些技术的使用权在移交日前已期满,项目公司有义务协助政府取得这些技术的使用权。

五、风险转移

移交条款中通常还会明确在移交过程中的风险转移安排:在移交日前,由项目公司承担项目设施的全部或部分损失或损坏的风险,除非该损失或损坏是由政府方的过错或违约所致;在移交日及其后,由政府承担项目设施的全部或部分损失或损坏的风险。

第二十节 适用法律及争议解决

一、适用法律

在一般的商业合同中,合同各方可以选择合同的管辖法律(即准据法)。但在PPP项目合同中,由于政府方是合同当事人之一,同时PPP项目属于基础设施和公共服务领域,涉及社会公共利益,因此在管辖法律的选择上应坚持属地原则,即在我国境内实施的PPP项目的合同通常应适用我国法律并按照我国法律进行解释。

二、争议解决

由于PPP项目涉及的参与方众多、利益关系复杂且项目期限较长,因此在PPP项目所涉合同中,通常都会规定争议解决条款,就如何解决各方在合同签订后可能产生的合同纠纷进行明确的约定。尽管没有规定明确的争议解决条款,但并不意味着各方对产生的纠纷不享有任何救济,而且规定此类条款有助于明确纠纷解决的方式及程序。

争议解决条款中,一般以仲裁或者诉讼作为最终的争议解决方式,并且通常会在最终争议解决方式前设路其他的争议解决机制,以期在无需仲裁或者诉讼的情况下快速解决争议,或达成一个暂时具有约束力、但可在之后的仲裁或诉讼中重新审议的临时解决办法。

争议解决方式通常需要双方根据项目的具体情况进行灵活选择。如果项目需要各方的长期合作,应考虑对抗性更低,更利于维护各方关系的争议解决方式。常见的争议解决方式包括:

(一)友好协商。

为争取尽快解决争议,在多数PPP项目合同中,都会约定在发生争议后,先由双方通过友好协商的方式解决纠纷。这样做的目的是为了防止双方在尝试通过协商解决争议之前,直接启动正式的法律程序。诉讼和仲裁是非常耗时且昂贵的,而且一旦开始往往很难停止。实践中,协商的具体约定方式包括:

1.协商前置。即发生争议后,双方必须在一段特定期限内进行协商,在该期限届满前,双方均不能提起进一步的法律程序。

2.选择协商。即将协商作为一个可以选择的争议解决程序,无论是否已进入协商程序，各方均可在任何时候启动诉讼或仲裁等其他程序。

3.协商委员会。即在合同中明确约定由政府方和项目公司的代表组成协商委员会，双方一旦发生争议，应当首先提交协商委员会协商解决。如果在约定时间内协商委员会无法就有关争议达成一致，则会进入下一阶段的争议解决程序。

需要特别说明的是，通常协商应当是保密并且"无损实体权利"的，当事人在协商过程中所说的话或所提供的书面文件，不得用于之后的法律程序。因为如果双方能够确定这些内容在将来的诉讼或仲裁中，不会被作为不利于自己的证据，他们可能更愿意主动做出让步或提出解决方案。

（二）专家裁决。

对于PPP项目中涉及的专业性或技术性纠纷，也可以通过专家裁决的方式解决。

负责专家裁决的独立专家，可以由双方在PPP项目合同中予以委任，也可以在产生争议之前共同指定。

专家裁决通常适用于对事实无异议、仅需要进行某些专业评估的情形，不适用于解决那些需要审查大量事实依据的纠纷，也不适用于解决纯粹的法律纠纷。

（三）仲裁。

1.仲裁还是诉讼。

仲裁是一种以双方书面合意进入仲裁程序为前提（即合同双方必须书面约定将争议提交仲裁）的替代诉讼的纠纷解决方式。一般而言，仲裁相较于诉讼，具有下列优点：

（1）仲裁程序更具灵活性，更尊重当事人的程序自主；

（2）仲裁程序更具专业性，当事人可以选择相关领域的专家作为仲裁员；

（3）仲裁程序更具保密性，除非双方协议可以公开仲裁，一般仲裁程序和仲裁结果均不会对外公开；

（4）仲裁程序一裁终局，有可能比诉讼程序更快捷、成本更低。

依照我国法律，仲裁裁决与民事判决一样，具有终局性和法律约束力。除基于法律明确规定的事由，法院不能对仲裁的裁决程序和裁决结果进行干预。

在PPP项目合同争议解决条款中，也可以选择诉讼作为最终的争议解决方式。需要特别注意的是，就PPP项目合同产生的合同争议，应属于平等的民事主体之间的争议，应适用民事诉讼程序，而非行政复议、行政诉讼程序。这一点不应因政府方是PPP项目合同的一方签约主体而有任何改变。

实践中，诉讼程序相较于仲裁程序时间更长，程序更复杂，比较正式且对立性更强，因此，PPP项目双方在选择最终的争议解决程序是需要仔细考量的。

2.国际仲裁还是国内仲裁。

在一些外国投资人参与的PPP项目中，可能会在争议解决条款中选择由相对中立的国际仲裁组织进行仲裁。我国《合同法》已明确规定，具有涉外因素的合同可以选择国外仲裁机构仲裁，实践中也可以依据一些国际公约（例如《承认及执行外国仲裁裁决公约》）来处理国际仲裁裁决的承认和执行程序。

需要特别注意的是，按照我国法律规定，如果合同中约定某一争议既可以依仲裁程序解决，也可以依诉讼程序解决，则原则上属于无效的仲裁条款（除非一方当事人申请仲裁后，对方当事人未在首次开庭前提出管辖权异议，使仲裁庭取得审理该案件的管辖权）。因此，PPP项目合同的争议解决条款最好在诉讼和仲裁中任选其一，避免出现"既可以仲裁，也可以诉讼"的约定。

（四）争议期间的合同履行。

鉴于PPP项目通常会涉及公共安全和公共利益，为保障项目的持续稳定运营，通常会在争议解决条款中明确规定在发生争议期间，各方对于合同无争议部分应当继续履行，除法律规定或另有约定外，任何一方不得以发生争议为由，停止项目运营。

第二十一节 合同附件

PPP项目所涉及的合作内容和具体要求通常较为庞杂，一般会在PPP项目合同正文之后附加一系列的附件，用以进一步明确合同中涉及的具体技术标准、条件要求、计算公式、文书格式等。

一、常见的合同附件

鉴于不同PPP项目的付费机制、运作方式、融资方式以及涉及的行业标准、技术规范等各不相同，具体的合同附件也会不同。常见的PPP项目合同附件包括：

（一）项目场地范围。

该附件用于划定项目涉及的场地的地点、范围、面积等，有时会以平面图的形式列示。

（二）项目所需审批。

该附件用于列明项目实施所需获得的全部或主要审批，以及政府方和项目公司在获得上述审批上的责任分工。

（三）技术附件。

该附件用于详细阐述PPP项目在设计、建设、运营、维护等方面所依据的具体技术标准和规范等。

（四）商务附件。

该附件用于阐述PPP项目的商业方案，例如财务模型、融资计划、项目公司设立方案等。

（五）履约担保格式。

为了确保项目公司在签订PPP项目合同后，所提供的履约担保能够符合双方的约定，有时还会将履约担保的相关协议也作为合同附件，并约定项目公司将来按照该协议约定的内容和方式向政府方提供担保。

（六）移交条件。

为了确保项目移交后符合政府的预期，双方可能会将项目移交的具体条件和标准，在PPP项目合同的附件中予以明确规定。

二、各行业合同附件例举

下文列举了一些行业的PPP项目合同的常见附件，仅供参考：

（一）城市（集中）供水。

在城市（集中）供水项目中，比较常见的附件包括：各方内部决议件，股东承诺函，集中式公共供水定义，授权文件，建设期履约保函，项目特许经营范围，普遍服务承诺，供水技术标准、规范和要求，项目资产维护方案，融资方案，初步性能测试，最终性能测试，维护保函，应急预案，保险方案（含投保险种与保险金额），前期工作和永久性市政设施，技术方案，定期报告及临时报告（事项、周期及信息格式要求），成本申报及监审，资本投资计划及调整，排他性承诺，移交方案等。

（二）集中供暖。

在集中供暖项目中，比较常见的附件包括：授权文件，各方内部决议件，股东承诺函，供热质量和服务标准，项目特许经营区域范围（附图），供热、用热合同样本，技术规范和标准，投资计划及安排，普遍服务承诺，应急预案，移交资产的程序和标准，融资方案，履约保函，保险方案，项目设施维护方案，工程进度计划表，排他性承诺，移交方案等。

（三）管道燃气供应。

在管道燃气供应项目中，比较常见的附件包括：各方内部决议件，股东承诺函，授权书，项目特许经营区域范围（附图），项目批准文件，技术规范和要求，投资计划及安排，普遍服务承诺，管道设施维护方案，保险，融资方案，工程技术方案，燃气质量标准，燃气服务标准，安全管理标准，气源承诺及保障计划，应急预案，履约保函，工程进度计划表，排他性承诺，移交方案，供气、用气合同等。

（四）污水处理。

在污水项目中，比较常见的附件包括：授权文件，各方内部决议件，股东承诺函，用地四至图，建设标准和技术要求，进水水质超标的处理，出水水质不合格的违约金，污水处理服务协议，调价公式，融资方案，保险方案，运营记录报表，付费申请表/形式发票，出水水质监测项目、方法和周期，履约保函，维护保函，技术方案，移交保函，工程进度计划表，移交方案等。

（五）垃圾焚烧处理。

在垃圾焚烧处理项目中，比较常见的附件包括：授权文件，各方内部决议件，股东承诺函，垃圾处理服务协议，适用技术规范和要求，技术方案，商务方案，履约保函，维护保函，融资方案，质量保证和控制方案，项目建设进度计划，保险方案，稳定性试运行方案，购电、售电合同，运营维护方案，进口设备和清单，红线图，移交保函，移交方案等。

（六）保障性安居工程。

在保障性安居工程项目中，比较常见的附件包括：授权文件，各方内部决议件，股东承诺函，项目红线图，融资方案等。

（七）地下综合管廊。

在地下综合管廊项目中，比较常见的附件包括：授权文件，各方内部决议件，股东承诺函，走线规划图，既有管网 GIS 信息等。

（八）轨道交通。

在轨道交通项目中，比较常见的附件包括：授权文件，各方内部决议件，股东承诺函，设计标准，运营操作和维护标准，融资协议，融资计划，融资替代解决方案，客运服务标准，客流量预测，工程价目表，融资方案，文字，公司章程，保险方案，施工合同，工程进度计划表，施工时间安排，地铁区域图，网站，操作和维修合同，前期工程进度，排他性承诺，履约担保，移交方案等。如涉及综合开发的，还需增加相应附件。

（九）医疗和养老服务设施。

在医疗和养老服务设施项目中，比较常见的附件包括：授权文件，各方内部决议件，股东承诺函，医院管理及服务协议，商标许可协议，目标土地规划设计要求，目标土地四至图，设计要求及建造标准，融资方案，筹备期工作方案，运营标准及绩效指标，员工招聘、培训及多点执业相关工作方案，营销方案，竞争对手列表及排他性承诺，保险安排，履约担保，移交方案等。

第三章 不同付费机制下的核心要素

付费机制是政府和社会资本合作的重要基础，关系到 PPP 项目的风险分配和收益回报，因而是政府和社会资本（或项目公司）共同的核心关注，也是 PPP 项目合同中最为关键的条款。根据 PPP 项目的行业、运作方式及具体情况的不同，需要设臵不同的付费机制。常见的付费机制主要包括政府付费、使用者付费和可行性缺口补助三种。本章将就在设臵不同的付费机制时，需要在 PPP 项目合同中予以考虑和反映的核心要素进行详细阐述。

第一节 政府付费

政府付费是指由政府直接付费购买公共产品或服务。其与使用者付费的最大区别在于付费主体是政府、而非项目的最终使用者。

根据项目类型和风险分配方案的不同，在政府付费机制下，政府通常会依据项目的可用性、使用量和绩效中的一个或多个要素的组合向项目公司付费。

一、可用性付费

（一）概述。

可用性付费（AvailabilityPayment）是指政府依据项目公司所提供的项目设施或服务是否符合合同约定的标准和要求来付费。

可用性付费通常与项目的设施容量或服务能力相关，而不考虑项目设施或服务的实际需求，因此项目公司一般不需要承担需求风险，只要所提供设施或服务符合合同约定的性能标准即可获得付费。

大部分的社会公共服务类项目（例如学校、医院等）以及部分公用设施和公共交通设施项目可以采用可用性付费。一些项目中也可能会与按绩效付费搭配使用，即如果项目公司提供设施或服务的质量没有达到合同约定的标准，则政府付费将按一定比例进行扣减。

（二）适用条件。

符合以下条件的 PPP 项目，政府可以考虑采用按可用性付费：

1.相对于项目设施或服务的实际使用量，政府更关注该项目设施或服务的可用性。例如，奥运会场馆。

2.相对于项目公司，政府对于项目设施或服务的需求更有控制力，并且政府决定承担需求风险。例如，在学校 PPP 项目中，政府教育部门负责向各学校分配生源，其能够更好的管控学校设施的使用量，因此政府可基于学校设施的可用性向项目公司付款，而不考虑实际的学生人数。

（三）可用性付费的设置

1.基本原则。

可用性付费的一个基本原则就是在符合我国法律强制性规定的前提下，直至项目设施已建成且全面服务可用时（通常是项目开始运营时）才开始付款。但也存在一些例外，比如改造项目，有可能改造的同时也需要项目公司继续提供服务，在这种情形下，政府可能需要就项目公司继续提供的服务支付一定费用。在按可用性付费的项目中，通常在项目开始时就已经确定项目公司的投资成本，在项目开始运营后，政府即按照原先约定的金额向项目公司付款，但如果存在不可用的情形，再根据不可用的程度扣减实际的付款。

2.核心要素：可用与不可用的界定。

可用性付费的核心要素就是要明确界定项目在什么情况下为"可用"，什么情况下为"不可用"，其中"不可用"的界定更为重要。

在 PPP 项目合同签订之前，双方应当尽早确定"不可用"的认定标准，因其会直接影响项目财务模型的确定。在设定"不可用"标准时，通常需要考虑以下因素：

（1）该标准是否客观，即是否符合项目的实际情况和特点，是否可以测量和监控等；

（2）该标准是否合理，即是否超出项目公司的能力范围，是否为实施本项目所必需等。

3.其他要素。

除了"可用"与"不可用"的界定外，在设臵可用性付费时，还需要考虑其他要素，例如：

（1）不同比例扣减机制的设臵。

设施或服务不可用所导致的经济后果通常由该设施或服务的重要程度决定。例如，在医疗服务设施项目中，手术室中的灯比走廊上的灯更为重要，因此因手术室灯不亮而扣减的金额也应当更高。设臵不同比例扣减机制，可以促使项目公司优先保证更为重要的设施或服务的可用性。

（2）宽限期的设臵。

在出现"不可用"的情形时，PPP项目合同中通常会给予项目公司一个宽限期，只有在该宽限期内项目公司仍然没有纠正该"不可用"情形的，可用性付费才会被扣减，如果在该期限内项目公司做出了有效补救，则可用性付费不会受到影响。

此外，在一些PPP项目合同中，也可能设臵多次扣减的机制。如果在宽限期结束时项目公司未能纠正不可用情形，政府将根据合同约定的比例扣减相应付费；如果该不可用情形在宽限期结束后又持续了一定时期，则可能导致政府对付费的进一步扣减。这种机制主要是为了确保项目公司能够尽快恢复正常的设施或服务供给。但在设臵这种多次扣减机制时，需要注意掌握尺度，因为其会使付费机制变得非常复杂。

（3）不可用设施或服务仍需使用的情形下的处理。

在一些特定情形下，即使某些服务或设施没有达到可用性要求，政府仍然需要使用。在这种情形下，政府可考虑以下两种处理方式：一是如果政府的使用将导致项目公司无法纠正部分设施或服务的问题，则可以将受政府使用影响的部分服务或设施视为具有可用性；二是仅扣减部分、而非全部比例的政府付费。

（4）计划内暂停服务的认定。

为避免争议，政府和项目公司应当在合同中明确约定计划内的暂停服务是否认定为不可用，通常情况下计划内的暂停服务应作为不可用的例外情形。

4.豁免事由。

并非所有不可用情形出现，均会影响政府付费，在PPP项目合同中通常会约定一些豁免事由，对于因发生豁免事由而导致出现不可用情形的，不构成项目公司违约，仍可按照合同约定的金额获得政府付费。常见的豁免事由包括：

（1）政府可以提供合适的替代性服务（需由政府决定）；

（2）项目设施或服务在不可用期间内本就未计划使用；

（3）政府违约；

（4）政府提出的变更；等等。

需要特别强调的是，尽管按可用性付费的项目对项目公司而言风险更低、可融资性更高，但政府转移给项目公司的风险也相对有限。同时，相对于使用者付费项目和按使用量付费的项目，单纯按可用性付费的项目缺乏有效的收益激励机制，通常只能通过项目公司报告或政府抽查的方式对项目进行监控，监控力度较弱，难以保证项目随时处于可用状态。因此，必要时可用性付费需要与绩效付费或使用量付费搭配使用。

二、使用量付费

（一）概述。

使用量付费（Usage Payment），是指政府主要依据项目公司所提供的项目设施或服务的实际使用量来付费。在按使用量付费的项目中，项目的需求风险通常主要由项目公司承担。因此，在按使用量付费的项目中，项目公司通常需对项目需求有较为乐观的预期或者有一定影响能力。实践中，污水处理、垃圾处理等部分公用设施项目较多地采用使用量付费。

一些项目中，使用量付费也可能与绩效付费搭配使用，即如果项目公司提供的设施或服务未达到合同约定的绩效标准，政府的付费将进行相应扣减。

（二）使用量付费的设置。

1.基本原则。

使用量付费的基本原则就是由政府（而非使用者）依据项目设施或服务的实际使用量向项目公司付费，付费多少与实际使用量大小直接挂钩。

2.分层级付费机制。

在按使用量付费的 PPP 项目中,双方通常会在项目合同签订前根据项目的性质、预期使用量、项目融资结构及还款计划等设臵分层级的使用量付费机制。

下图为比较典型的分层级的使用量付费机制:

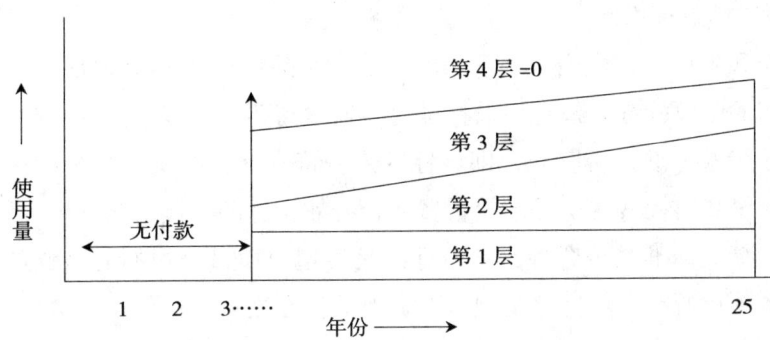

上图中将使用量付费分为四个层级,其中第 1 层为"最低使用量",第 4 层为"最高使用量"。

(1) 最低使用量:即政府与项目公司约定一个项目的最低使用量,在项目实际使用量低于最低使用量时,不论实际使用量多少,政府均按约定的最低使用量付费。最低使用量的付费安排可以在一定程度上降低项目公司承担实际需求风险的程度,提高项目的可融资性。

(2) 最高使用量:即政府与项目公司约定一个项目的最高使用量,在实际使用量高于最高使用量时,政府对于超过最高使用量的部分不承担付款义务。最高使用量的付费安排为政府的支付义务设臵了一个上限,可以有效防止政府因项目使用量持续增加而承担过度的财政风险。

需要特别强调的是,即使在设臵最低使用量的情形下,政府仍然需要承担实际使用量低于最低使用量的风险;即使在设臵最高使用量的情形下,实际使用量低于最高使用量时,政府付费的金额仍然会因实际使用量的变化而变化,存在一定不确定性,需要进行合理的预算安排。

三、绩效付费

(一)概述。

绩效付费(Performance Payment)是指政府依据项目公司所提供的公共产

品或服务的质量付费,通常会与可用性付费或者使用量付费搭配使用。

在按绩效付费的项目中,政府与项目公司通常会明确约定项目的绩效标准,并将政府付费与项目公司的绩效表现挂钩,如果项目公司未能达到约定的绩效标准,则会扣减相应的付费。

(二)绩效付费的设置。

1.设定绩效标准。

政府和项目公司应当根据项目的特点和实际情况在 PPP 项目合同中明确约定适当的绩效标准。设定绩效标准时,通常需要考虑以下因素:

(1) 绩效标准是否客观,即该标准是否符合项目的实际情况和特点,是否可以测量和监控等。这是绩效付费能否有效实施的关键要素。

(2) 绩效标准是否合理,即该标准是否超出项目公司的能力范围,是否为实施本项目所必需等。这是项目融资方的核心之一。

2.绩效监控机制。

在按绩效付费的项目中,通常会专门编制绩效监控方案并将其作为 PPP 项目合同的附件,以明确项目公司的监控义务、政府的监控措施以及具体的绩效标准。在社会公共服务项目中,绩效监控机制的设路尤为重要(关于社会公共服务项目的绩效监控机制,请见第四章三节)。

3.未达到绩效标准的后果。

为了对项目公司形成有效约束,PPP 项目合同中通常会明确约定未达到绩效标准的后果,具体包括:

(1) 扣减政府付费。PPP 项目合同中通常会根据设施或服务在整个项目中的重要程度以及未达到绩效标准的情形和影响程度分别设路相应的政府付费扣减比例。此外,实践中还有一种"递进式"的扣款机制:即对于首次未达到绩效标准的情形,仅进行警告或少量扣款,但如果该情形在某段时期内多次发生,则会逐渐增加对于该情形的扣款比例,以促使项目公司及时采取补救措施。

(2) 如果长期或者多次无法达到绩效标准,或者未达到绩效标准的情形非常严重,还有可能构成严重违约从而导致合同终止。

四、政府付费的调价机制

在长达 20—30 年的 PPP 项目生命周期中,市场环境的波动会直接引起项目运营成本的变化，进而影响项目公司的收益情况。设臵合理的价格调整机制，可以将政府付费金额维持在合理范围，防止过高或过低付费导致项目公司亏损或获得超额利润，有利于项目物有所值目标的实现。常见的调价机制包括：

（一）公式调整机制。

是指通过设定价格调整公式来建立政府付费价格与某些特定系数之间的联动关系，以反映成本变动等因素对项目价格的影响。当特定系数变动导致根据价格调整公式测算的结果达到约定的调价条件时，将触发调价程序，按约定的幅度自动调整定价。

常见的调价系数包括：消费者物价指数、生产者物价指数、劳动力市场指数、利率变动、汇率变动等。调价系数的选择需要根据项目的性质和风险分配方案确定，并应综合考虑该系数能否反映成本变化的真实情况并且具有可操作性等。

（二）基准比价机制。

是指定期将项目公司提供服务的定价与同类服务的市场价格进行对比，如发现差异，则项目公司与政府可以协商对政府付费进行调价。

（三）市场测试机制。

是指在PPP项目合同约定的某一特定时间，对项目中某项特定服务在市场范围内重新进行采购，以更好地实现项目的物有所值。通过竞争性采购程序，政府和项目公司将可能会协商更换此部分服务的运营商或调整政府付费等。

但上述的基准比价机制和市场测试机制通常适用于社会公共服务类项目，而很少出现在公共交通或者公用设施项目中（关于基准比价机制和市场测试机制的具体程序，请见第四章第三节），主要原因有二：

1.在公共交通或者公用设施项目中，项目公司的各项服务互相关联，难以明确分割，很难对某一项服务单独进行比价或市场测试。

2.难以找到与该项目公司所处的运营情况、市场条件完全相同的比较对象。此外，政府在考虑采用基准比价机制和市场测试机制时还需要注意，这两种调价机制既有可能减少政府付费金额，也有可能增加政府付费金额。

第二节 使用者付费

使用者付费机制是指由最终消费用户直接付费购买公共产品和服务。项目公司直接从最终用户处收取费用,以回收项目的建设和运营成本并获得合理收益。在此类付费项目中,项目公司一般会承担全部或者大部分的项目需求风险。

并非所有PPP项目都能适用使用者付费机制,使用者付费机制常见于高速公路、桥梁、地铁等公共交通项目以及供水、供热等部分公用设施项目中。

设臵使用者付费机制时,需要根据项目的特性和具体情况进行详细的评估,重点考虑以下几个问题:

(一)项目是否适合采用使用者付费机制?

(二)使用费如何设定?

(三)政府是否需要保障项目公司的最低收入?是否需要设臵机制避免项目公司获得过高的利润?

一、使用者付费机制的适用条件

具体PPP项目是否适合采用使用者付费机制,通常需要结合项目特点和实际情况进行综合评估。适合采用使用者付费机制的项目,通常需要具备以下条件:

(一)项目使用需求可预测。

项目需求量是社会资本进行项目财务测算的重要依据,项目需求量是否可预测以及预测需求量的多少,是决定社会资本是否愿意承担需求风险的关键因素。通常社会资本只有能够在一定程度上确定其可以通过使用者付费收回投资成本,并且获得合理收益的情形下,才有参与PPP项目的动机。

(二)向使用者收费具有实际可操作性。

在一些项目中,项目公司向使用者收费可能并不实际或者并不经济。例如,在采取使用者付费机制的公路项目中,如果公路有过多的出入口,使得车流量难以有效控制时,将会使采取使用者付费机制变得不具有成本效益,而丧失实际可操作性。

(三)符合法律和政策的规定。

根据相关法律和政策规定,政府可能对于某些项目实行政府定价或者政府指导价,如果按照该政府定价或政府指导价,无法保障项目公司回收成本并获得合理收益,则无法适用使用者付费机制,但可以考虑采用可行性缺口补助机制。

使用者付费机制的优势，在于政府可以最大程度地将需求风险转移给项目公司，而且不用提供财政补贴，同时还可以通过与需求挂钩的回报机制，激励项目公司提高项目产品或服务的质量。但需要强调的是，除非需求量可预测且较为明确或者政府提供其他的补助或承诺，否则使用者付费项目的可融资性相对较低，如果融资难度和融资成本过高，则可能会导致项目无法实施；同时，由于项目公司承担较大的需求风险，在需求不足时，项目公司为了确保能够收回成本，有可能会要求提高使用费的定价或者变相降低产品或服务质量。

二、使用者付费的定价机制

（一）定价方式。

实践中，使用者付费的定价方式主要包括以下三种：

1.根据《价格法》等相关法律法规及政策规定确定。

2.由双方在PPP项目合同中约定。

3.由项目公司根据项目实施时的市场价格定价。

其中，除了最后一种方式是以市场价为基础外，对于前两种方式，均需要政府参与或直接决定有关PPP项目的收费定价。

（二）政府参与定价的考虑因素。

1.需求的价格弹性。是指需求量对价格变动的敏感程度，即使用者对于价格的容忍程度。收费价格上涨到一定程度后，可能会导致使用量的下降。

2.项目公司的目标，即在综合考虑项目的实施成本、项目合作期限、预期使用量等因素的情况下，收费定价能否使项目公司获得合理的收益。

3.项目本身的目标，即能否实现项目预期的社会和经济效益。

4.有关定价是否超出使用者可承受的合理范围（具体可以参考当地的物价水平）。

5.是否符合法律法规的强制性规定；等等。

（三）政府参与定价的方式。

根据PPP实践，政府参与收费定价通常可以采取以下几种具体方式：

1.由政府设定该级政府所辖区域内某一行业的统一价（例如，某市政府对该市所有高速公路收费实行统一定价）。由于该使用费定价无法因具体项目而调整，如果社会资本在提交响应文件时测算出有关使用费定价无法覆盖其成本，则通常允许其要求政府提供一定的补贴。

2.由政府设定该级政府所辖区域内某一行业的最高价。在具体项目中，项目公司仅能够按照该最高价或者低于该最高价的价格进行财务评估，如果社会资本在提交响应文件时测算出即使采用最高价也无法使其收回成本，则通常允许其要求政府提供可行性缺口补助。

3.由双方在合同中约定具体项目收费的价格。

4.由双方在合同中约定具体项目收费的最高价。

此外，在一些PPP项目中，双方还有可能约定具体项目收费的最低价，实际上将PPP项目的部分建设和运营成本直接转移给使用者承担。

三、唯一性条款和超额利润限制机制

（一）唯一性条款。

在采用使用者付费机制的项目中，由于项目公司的成本回收和收益取得与项目的实际需求量直接挂钩，为降低项目的需求风险，确保项目能够顺利获得融资支持和稳定回报，项目公司通常会要求在PPP项目合同中增加唯一性条款，要求政府承诺在一定期限内不在项目附近新建竞争性项目。

（二）超额利润限制。

在一些情形下，使用者需求激增或收费价格上涨，将可能导致项目公司因此获得超出合理预期的超额利润。针对这种情形，政府在设计付费机制时可以考虑设定一些限制超额利润的机制，包括约定投资回报率上限，超出上限的部分归政府所有，或者就超额利润部分与项目公司进行分成等。但基本的原则是无论如何限制，付费机制必须能保证项目公司获得合理的收益，并且能够鼓励其提高整个项目的效率。

第三节　可行性缺口补助

可行性缺口补助，是在政府付费机制与使用者付费机制之外的一种折衷选择。对于使用者付费无法使社会资本获取合理收益、甚至无法完全覆盖项目的建设和运营成本的项目，可以由政府提供一定的补助，以弥补使用者付费之外的缺口部分，使项目具备商业上的可行性。但此种付费机制的基本原则是"补缺口"，而不能使项目公司因此获得超额利润。

国际上关于可行性缺口补助的定义、适用范围和补贴方式尚无统一的界定。在我国实践中，可行性缺口补助的形式多种多样，具体包括：

一、投资补助

在项目建设投资较大，无法通过使用者付费完全覆盖时，政府可无偿提供部分项目建设资金，以缓解项目公司的前期资金压力，降低整体融资成本。通常政府的投资额应在制定项目融资计划时或签订PPP项目合同前确定，并作为政府的一项义务在合同中予以明确。投资补助的拨付通常不会与项目公司的绩效挂钩。

二、价格补贴

在涉及民生的公共产品或服务领域，为平抑公共产品或服务的价格水平，保障民众的基本社会福利，政府通常会对特定产品或服务实行政府定价或政府指导价。如果因该定价或指导价较低，导致使用者付费无法覆盖项目的成本和合理收益，政府通常会给予项目公司一定的价格补贴。例如地铁票价补贴。此外，政府还可通过无偿划拨土地、提供优惠贷款、贷款贴息、投资入股、放弃项目公司中政府股东的分红权，以及授予项目周边的土地、商业等开发收益权等方式，有效降低项目的建设、运营成本，提高项目公司的整体收益水平，确保项目的商业可行性。

第四章　不同行业下的特定条款

受不同行业政策及行业特点的影响，不同行业的PPP项目合同中会有一些特殊的条款安排。本章将会就公共交通、公用设施及社会公共服务等PPP模式应用较为广泛的行业领域内，PPP项目合同的特殊条款和机制进行详细介绍。

第一节　公共交通项目

公共交通项目通常包括机场、港口、公路、铁路、桥梁和城市轨道交通等，其共同特点是公共服务性强、投资规模较大。高速公路项目在公共交通项目中比较典型，在世界范围内采用PPP模式的高速公路项目案例也非常多。实践中，高速公路项目主要采用BOT和委托运营两种运作方式。本指南谨以采用BOT运作方式的高速公路项目为例，结合我国的实际情况，阐述公共交通项目的一些特定条款机制。

一、项目的范围和期限

（一）项目的范围。

根据PPP项目合同的具体约定，高速公路项目的合作范围，除了高速公路的建设运营外,还可能包括沿途服务设施和广告等的开发和运营。

(二)项目期限。

在采用 BOT 运作方式的高速公路项目中,项目期限通常包括高速公路的建设期和运营期,待项目期限届满后,通常项目公司将无偿把高速公路移交给政府。

项目期限的长短与项目公司的收益直接相关,在投资成本一定、其他条件不变的情况下,项目公司所获得利润与项目期限成正比。在设置项目期限时,需要综合考虑项目的建设运营成本、回报率、融资计划、风险分配以及政策法律规定等多种因素,合理平衡政府、项目公司和使用者的利益。需要强调的是,高速公路项目的收费期限还要同时受到我国《收费公路管理条例》以及相关地方性法律法规的限定。

二、付费和调价机制

(一)付费机制。

PPP 模式下的高速公路项目存在多个利益相关方,各方均有各自的定价目标,项目公司希望利润最大化,高速公路使用者希望获得质优价廉的服务,而政府则希望尽可能实现既定区域内的社会效益最大化。合理的收费标准除了可以覆盖高速公路在各时期的建设、维护、管理等成本,还能让项目公司获得合理的利润。

1.高速公路付费机制。

在高速公路项目中,如何收取车辆通行费是一个非常关键的问题。实践中,高速公路项目通常有三种付费机制:

(1)使用者付费(又称为"RealToll"):项目公司直接向高速公路使用者收费;

(2)政府按使用量付费(又称为"ShadowToll"):政府根据高速公路的实际使用量、即车流量向项目公司付费,车流量越大,付费越多;

(3)政府按可用性和绩效付费:政府根据项目公司提供的高速公路是否达到合同约定的可用性标准来付费,并在此基础上根据项目公司的绩效设定相应的扣减机制。如果项目公司未能保证高速公路达到供公众使用的标准,政府将根据不达标高速公路的长度和数量以及不达标所持续的时间等,从应当支付给项目公司的费用中作相应扣减。

2.高速公路收费定价的影响因素。

（1）高速公路成本：通常包括高速公路的建设成本和运营维护成本，例如工程建设费、设备购置费、道路维修费、养护费以及日常管理费用等；

（2）车流量：收费公路项目、尤其是在使用者付费或政府按使用量付费的项目中，车流量对项目公司的收入有直接影响。车流量的大小通常由该高速公路辐射区域内的经济发展状况和汽车拥有量等因素决定；

（3）项目期限：项目期限直接影响高速公路的收益，期限过短无法保证项目公司获得合理收益；而期限过长则有可能导致项目公司暴利、甚至构成垄断；

（4）使用者的支付意愿：高速公路使用者的支付意愿通常具有很强的主观性，主要取决于使用者个人的支付能力。使用者的支付能力通常会受当地物价水平、个人年龄层次、职业稳定与否等因素影响；

（5）高速公路的性能和技术条件：高速公路的技术等级和服务水平越高，高速公路使用者可以接受的通行费标准也会越高；

（6）高速公路辐射区内的其他交通运输方式及其定价：高速公路辐射区内是否有其他交通运输方式，例如普通公路、铁路和民航等，这些交通运输方式的定价通常也会影响高速公路收费的定价。

（二）调价机制

1.必要性。

PPP模式下的高速公路项目期限通常较长，在符合法律法规规定的前提下，一般为15至30年不等，在长期的高速公路运营过程中，诸如物价水平、车流量以及路况条件等因素均可能发生较大变化，进而对高速公路项目的运营维护成本和收益水平产生直接影响。如果不适时进行价格调整，可能会导致当前收费标准无法实现项目公司的合理收益，从而进一步影响高速公路的运营品质和社会效益。

2.调价原则。

（1）保证合理回报原则：项目公司在收回高速公路的建设成本和运营维护成本后，应获得与同行业平均收益率相适应的合理收益回报；

（2）使用者可承受原则：高速公路收费价格不应过分高于使用者可承受的合理范围，如果使用者通过使用高速公路所获得的时间节约、距离缩短和安全提高等效益，不能补偿其付出的通行费、燃油费等成本，使用者就可能不会选择使用该高速公路出行；

(3) 综合考虑原则：高速公路项目在进行价格调整时，除了应考虑项目公司的收益水平和高速公路使用者的承受能力外，还应当综合考虑通货膨胀、物价上涨和收费管理人员工资变化等各种影响因素。

(三) 唯一性条款。

唯一性条款是 PPP 模式下高速公路项目中的重要条款，因为高速公路的收益直接取决于过往车辆的通行量，而且高速公路项目先期投资成本大、回收周期长，如果项目附近有性能和技术条件与本项目类似、但免费或收费较低的可替代路线，将会严重影响项目公司的成本回收及合理收益的获得。从长远来看，不利于调动社会资本的投资积极性。因此，为保证项目建成通车后项目公司有稳定的收入，项目公司在前期需要认真研究路网规划，对是是否有可代替的路线以及如果存在这些路线，将会对项目收益产生怎样的影响进行详细评估。在合同谈判阶段则要求政府作出相关承诺，即承诺项目期限内不在项目附近兴建任何竞争性的道路，并控制公路支线叉道口的连接，使项目公司保持较高的回报率，以避免过度竞争引起项目公司经营收益的下降。

(四) 政府对项目的优惠政策。

政府对项目提供优惠政策，有利于项目公司在高速公路项目中规避一定的投资风险，因此，项目公司在与政府谈判时会希望努力争取切实可行、规避风险的优惠条件。

政府提供给项目的优惠政策可能包括向项目公司无偿划拨土地，授予周边土地或商业开发收益权以及优先审批、简化审批等。

第二节　公用设施项目

公用设施通常是指政府有义务提供的市政公用基础设施，包括供电、供气、供水、供热、污水处理、垃圾处理等，有时也包括通信服务设施。公用设施项目普遍具有公益性、自然垄断性、政府监管严、价格弹性较小等特点，但不同的公用设施项目也具有不同的特性。下文将重点阐述公用设施项目中一些特别的条款和机制。

一、付费和调价机制

由于多数公用设施项目的产品或服务均可以量化，因此此类项目通常采用以实际使用量为基础的付费机制，例如按使用量付费的政府付费机制或者使用者付费机制。同时，由于公用设施项目的产品，如水、电、燃气等，涉及公共安全和公众利益，通常受到政府的严格监管并由政府统一定价，因此如果在使用者付费机制下，政府的定价无法使项目公司收回成本并获得合理收益，也有可以考虑采用可行性缺口补助机制（关于上述各种付费机制的详细介绍，请见第三章）。

不同类型公用设施项目的付费和调价机制各有特点，下文中将以供电项目为例，对公用设施类PPP项目的付费和调价机制进行详细介绍。

供电项目的一个主要特点是购买主体的唯一性。在我国，电力供应属于政府实行严格管制的自然垄断行业。项目公司通常不能直接将项目所发的电销售给最终用户，而须先将电统一销售给政府电力主管部门或国家电力公司，再由政府电力主管部门或国家电力公司销售给最终用户。实践中，项目公司通常会与购电方（可能是PPP项目合同的政府方，也可能是政府的电力主管部门或国家电力公司，以下统称为"购电方"）另行签署电力购买协议，或者在PPP项目合同中设臵具体条款，以明确具体购电安排和定价调价机制。

（一）购电安排。

对于供电项目而言，购电安排是最为核心的条款，直接关系到项目公司的投资回报。为了确保供电项目建成后能够通过售电收回成本并获取收益，在电力购买协议或PPP项目合同中，有可能会为购电方设定一些强制性的购电安排。常见的购电安排包括以下两种：

1.照付不议。

是指规定一个最小净输出发电量，只要项目公司达到该最小净输出量的发电能力，并且不存在项目公司违约等情形，购电方就有义务按照该最小净输出发电量，向项目公司支付电费，而不论项目公司是否实际生产了该部分的电量。如果能够超出最小净输出发电量的发电能力，购电方则可根据其需求和实际购得的电量支付电费。

这种购电安排，可以为项目公司的收入提供一定保障，有助于提高项目的可融资性，一般在煤电项目中较为常见。

2.强制购买。

是指购电方有义务购买该供电项目所发的全部电量，并根据所发的电量支付电费，而无论购电方是否真正需要。但如果非因政府方原因，项目公司没有实际发出电量，则项目公司将无法获得付费。

这种安排在风力发电、太阳能发电等新能源发电项目中较为常见。

(二) 电价组成要素。

在不同供电项目中的电价组成要素可能不同，通常包括容量电价和电量电价中的一种或两种。

1. 容量电价。

容量电价是基于项目是否达到合同约定的容量标准而支付的电价，与项目是否被实际使用无关，可以看作是可用性付费的一种形式。根据项目的具体情况，容量电价通常由项目的建设成本、固定的运营维护成本等组成。

在采用容量电价时，合同中通常会就发电机组的额定功率、可用小时数等设定严格的标准，如果项目公司无法达到该标准，则会扣减相应的付费；如果项目的实际性能优于合同约定的标准，在一些项目中还有可能获得相应的奖励。

2. 电量电价。

电量电价是基于项目公司每月实际供应的电量来进行支付的电价形式。电量电价通常会根据季节及用电的峰谷时段设置不同的价格，以激励项目公司在电力供应紧张时期多供电。电量电价的组成通常包括燃料成本以及非固定的运营维护成本等。

(三) 电价调整机制。

电价的调整机制主要包括基于公式调整机制和协商调整机制两种。

1. 公式调整机制。

在电价调整公式中，通常可能会以燃料价格变动、利率变动、消费者物价指数等作为主要的调价系数，当上述系数变动达到约定的幅度时，即可触发调价程序，按调价公式自动调整电价。

2. 协商调整机制。

在一些供电项目中，双方会在项目采购阶段根据项目预算成本初步确定电价和电价组成要素，待项目建成后如果实际结算成本与预算成本差别较大的，双方再根据实际结算成本对电价和电价组成要素进行重新谈判。这种调价方式，也称为成本加成电价模式。

与之相对应的是馈网电价模式,即双方在项目采购阶段确定一个固定的馈网电价,并且在项目的实施过程中,不会因实际成本与预算成本有差别而对该电价进行调整。但在国际PPP实践中,一些以馈网电价为基础的供电项目,也可能设定一些调价机制,但通常调价幅度有限,并且一般不需要双方再次协商。

二、连接设施建设

与其他领域项目不同,一些公用设施项目需要建设一些与公共管网连接的设施才能实现运营。例如,供电项目中与国家电网链接的输变电设施,供热项目中与城市现有供热管网连接的换热站、管道等。因此,在这类公用设施项目的PPP项目合同中,通常会详细规定有关连接设施的建设条款。

实践中,根据项目具体情况的不同,关于连接设施的建设责任由哪一方承担,通常有以下三种情形:

(一)全部由政府负责建设。

由于连接设施需要与公共管网直接连接,因此为了确保其与管网的配套统一性且不影响公共管网的正常运作,一些项目中,政府会主张自己建设此部分设施。但在这种情形下,为了确保该连接设施建设与项目建设和运营配合,通常会在PPP项目合同中规定:

1.建设标准,以确保政府所建设的连接设施能够与项目设施相连接,并且符合项目正常运营的要求。

2.完工时间要求。如果必要的连接设施没有完工,即使项目已达到开始运营的条件,也仍然无法开始运营。因此在PPP项目合同中通常会规定,政府有义务在项目设施完工时或之前完成连接设施的建设。如果政府无法按照合同约定的要求完工,项目公司将可能获得一定的救济,如项目期限延长、损害赔偿等。

3.政府建设连接设施的费用承担,通常由双方在合同中约定。

(二)由项目公司和政府方共同负责建设。

即项目公司和政府方每方负责一部分连接设施的建设。对于这种情况,合同条款中应当特别注意设施边界和双方责任的划分,同时要重点关注连接设施的建设标准和工程进度的统一性问题。为此,PPP项目合同中通常会规定:

1.各方的义务和责任范围,包括应建设的工程范围、建设的标准以及完工时间和进度要求等。

2.双方互相通知和报告的义务,以确保一方能够及时了解对方设施的建设情况;等等。

(三)全部由项目公司负责建设。

如果全部由项目公司负责建设,该连接设施通常会包含在整个项目设施的范围内,并在项目的建设条款中对连接设施设计、建设标准和要求进行规定。与此同时,在PPP项目合同中可能不会专门针对连接设施规定完工时间,而是与整个项目开始运营的时间相结合(关于项目的建设条款,请见第二章第七节)。

三、原料供应

一些公用设施项目的运营通常会与原料供应紧密相关。例如,在污水处理、垃圾处理以及火电项目中,污水、垃圾、煤炭等原料的供应量,直接决定项目产出的产品或服务的数量。因此,保障原料的持续稳定供应,是这些公用设施项目需要解决的关键问题。具体项目的原料供应由哪一方负责,需要根据原料的特性、项目公司取得原料的能力等进行综合评估。

(一)由项目公司负责。

对于可在公开市场上购买的原料,例如原煤、水泥等,原料供应的风险和责任通常由项目公司自行承担。为了确保原料供应能够满足项目运营的要求,项目公司通常会根据项目的需求,制定详细的供应计划,并力争与原料供应商签订长期的原料供应合同,以尽可能地降低原料供应风险。

为了确保项目所用原料的保质保量和持续稳定供应,PPP项目合同中,有时也会规定政府在原料供应商选择、供应合同签订等方面的协助义务和监管权。

(二)由政府方负责。

在原料无法从公开市场上取得、仅能由政府供应(例如污水、垃圾),或者项目公司无法承担有关原料供应风险的情形下,通常会约定由政府负责供应原料,同时会在合同中对原料的质量和数量予以明确约定。

1.原料质量。通常原料的质量标准应根据项目的成本和运营标准等进行评估,原则上原料的质量应确保项目在不增加预计成本的情形下实现正常的运营。如果因政府供应的原料质量未达到约定标准，而导致项目公司的运营成本增加，政府应给予相应的补偿。

2.原料数量。在多数的公用设施项目中，原料供应的数量将直接决定项目提供产品或服务的数量，并且可能直接与项目公司的收益挂钩。因此，有必要对供应原料的数量进行明确约定。例如，一些污水处理项目的 PPP 项目合同中规定，政府应确保在整个项目期限内，收集和输送污水至污水处理项目指定的交付地点，并满足合同约定的基本水量（如日均污水量）和进水水质等。

四、环境保护责任

一些公用设施项目的运营会产生"三废"和噪声，对环境造成不利影响，因此在 PPP 项目合同中，会明确规定这类项目的建设运营所应遵守的环保标准和应履行的环境保护责任。项目公司的环境保护责任通常包括：

（一）按照有关环保要求，建设相应的环保设施并采取环境污染防治措施，确保项目建设、运营期间产生的废水、废气、固体废弃物以及噪声满足相应的环保标准。

（二）遵守有关公共卫生和安全生产等法律法规的规定。

（三）在项目的建设、运营期间应采取一切合理的措施，尽量减少对项目设施周围建筑物和居民区的干扰，等等。

第三节 社会公共服务项目

社会公共服务领域的项目，通常包括医疗服务设施、学校、监狱、养老院、保障性住房等。在社会公共服务 PPP 项目中，项目公司有可能负责社会服务设施的建设和运营维护，或者为社会服务设施提供部分或全部的运营和管理服务，或者直接负责提供社会公共服务。此外，在一些 PPP 项目中，合作范围还可能包括项目周边土地开发和设施经营，例如餐厅、商店等。社会公共服务项目中，付费调价机制和绩效监控机制通常较为关键且特点鲜明，下文将对此进行详细阐述。

一、付费和调价机制

（一）付费机制。

实践中，社会公共服务项目通常采用政府付费或者可行性缺口补助机制，很少采用单纯的使用者付费机制。这主要是因为社会公共服务项目通常具有较强的公益性（如学校、医疗机构等），其所提供的公共服务通常是免费的或者收费较低，项目公司很难通过单纯的使用者付费机制回收成本并获得合理收益。

1. 政府付费。

社会公共服务项目通常采用可用性和绩效付费的政府付费机制。例如，在公立学校项目中，由项目公司负责学校设施的建设并提供部分运营管理服务，在学校设施建成后，政府根据学校设施的可用性和项目公司的运营表现，按月向项目公司支付一笔固定费用。但是，如果项目公司没有达到学校设施的可用性标准（如教室数量不符合合同要求），或者一些项目公司提供的运营管理服务没有达到合同约定的绩效标准（如安保工作、卫生状况等未达标），则政府会在固定支付的费用中作相应的扣减。

2. 可行性缺口补助。

在一些服务定价较低，使用者付费无法完全覆盖项目公司的投资成本和合理收益的项目中，可以考虑采用可行性缺口补助机制。例如，在养老服务和保障性住房项目中，使用者可以优惠价格购买服务或住房，而政府就该优惠价与市场价之间的差额部分向项目公司提供适当的补助，以保证项目公司收回成本并获得合理的收益。

（二）调价机制。

由于社会公共服务项目通常实施期限较长，在项目实施过程中，劳动力成本、物价指数等价格影响因素可能会发生较大变化，并对项目的运营维护成本和收益水平产生影响，因此设置合理的调价机制能够更好地平衡政府和项目公司的利益，促进社会公共服务项目实现物有所值。

常见的调价机制包括基准比价机制和市场测试机制两种。

1. 基准比价机制。

基准比价机制，是指由项目公司对其自身或其分包商提供某项服务的价格与该服务的市场价格进行比较，如果与市场价格存在差异，则项目公司将与政府协商调价。但是采用基准比价机制，通常不会直接导致服务提供者的更换。

通常基准比价机制的具体操作程序如下：

（1）在 PPP 项目合同中约定一个固定周期或者一个特定日期，在该周期届满或该日期到来时，由项目公司启动比价程序，就其提供某项特定服务的价格与市场上提供同类服务的一般价格进行比较。

（2）项目公司应在PPP项目合同中约定的比价期限内（例如40周）完成比价工作。具体比价期限的长短需要根据相关服务的规模和性质确定。

（3）若比价结果显示同类服务市场价高于项目公司当前定价的，通常会有两种以下情形：若现有服务分包商依其分包合同仍有义务按原价提供服务的，则无需进行调价；若现有服务分包商依其合同有权重新调价的，则可由项目公司向政府申请调价。

（4）若比价结果显示同类服务市场价低于项目公司当前定价的，PPP项目合同通常会规定，项目公司必须与政府协商对该项服务的价格进行调整。

同时，鉴于在基准比价机制下的比价工作主要由项目公司负责实施，为加强政府对项目公司比价过程的监控，通常会在合同中规定政府有权对项目公司或其分包商提供服务的相关成本分析进行评估和审核。

需要特别说明的是，基准比价机制不仅仅是一种调价机制，也是一种有效的激励机制，项目公司可以通过基准比价，对自己或其分包商提供特定服务的方式和成本进行回顾，及时改善服务的效率和质量。

2.市场测试机制。

市场测试机制是指在PPP项目合同约定的某一特定时间，对项目中某项特定服务在市场范围内重新进行采购。相比基准比较机制，市场测试机制的程序更具透明性和竞争性，可以更好地实现项目的物有所值。采用市场测试机制有可能导致服务提供者的更换，市场测试后确定的采购价格既可能高于、也可能低于原来的价格。

通常市场测试机制的具体操作程序如下：

（1）在合同约定的特定日期到来时，项目公司将会就特定的软性服务进行重新采购，通常原分包商可以参与采购程序，但应避免利益冲突的情况，例如项目公司的关联公司即不能参与。

（2）如果采购程序结果显示，项目公司通过替换该服务的分包商，更能够实现项目的物有所值，则政府和项目公司可协议更换该服务的分包商，政府则可因此减少付费或者获得更优质的服务。

（3）如果采购程序结果显示，该服务的原分包商更能实现项目的物有所值，则不会更换分包商，也不会对当前的服务定价进行调整。

市场测试机制的采购工作通常由项目公司负责实施，项目公司有义务确保采购工作的依法实施以及分包商之间的顺利交接。

3.调价机制的选择。

总体来讲，定期调价符合政府和项目公司双方的利益，但这需要以适当的调价机制为保障。

市场测试机制主要适用于社会公共服务项目中的一些软性服务，如学校项目中的清洁、餐饮、安保服务等，通常对这类服务进行重新招标不会影响到整个项目的运行。而对于一些关系到项目运行的核心服务（如医院项目中的医疗服务或学校项目中的教学服务等），如果重新进行招标，可能影响整个项目的正常运行或者需要对整个项目进行较大调整，则无法采用市场测试机制。

此外，相比基准比价机制，市场测试机制在程序上具有更强的灵活性，并且能够利用充分竞争更好地达成提高服务效率和质量的目的。但是，如果某项服务特殊性较强或者资质要求较高，能够提供该项服务的分包商过少，缺乏充分的市场竞争，则无法采用市场测试机制，而可以采用基准比价机制。

需要特别说明的是，市场测试机制和基准比价机制并不是必须二选其一的，合同中可以约定先采取某一机制，而将另一机制作为替代方案。例如，某项服务先采用市场测试机制进行重新采购，如果采购过程中出现竞争者不足的情况，则可以改用基准比价机制；反之，在采用基准比价机制时，如果政府无法与项目公司或原有分包商就价格调整达成一致的，也可以改用市场测试机制；另外，如果某一项目涉及多项服务的调价时，也可以根据需要分别选择不同的调价机制。

二、绩效监控机制

在社会公共服务项目中，公共服务的质量至关重要，因此在实践中，通常会设臵一些机制以保障对项目相关设施和服务的绩效进行有效监控，确保实现项目物有所值。

（一）绩效监控方案。

在社会公共服务项目、尤其是将绩效作为付费依据之一的项目中，政府方和项目公司通常会在项目合同中约定一个详细的绩效监控方案，以确保项目公司能够达到合同要求的绩效标准。

绩效监控方案通常会明确约定项目公司的监控义务,包括:

(1) 运营情况监测,例如医院就诊人数、接诊率监测;

(2) 信息发布,例如向公众公布医疗收费价格;

(3) 定期报告,项目公司通常按月或按季向政府方提交绩效情况报告;

(4) 保证相关信息的真实性、准确性和完整性;等等。

除此之外,绩效监控方案还会列明各项设施和服务的具体绩效标准。

(二) 政府监控措施。

除项目公司负责实施的绩效监控方案外,通常PPP项目合同中,还会规定政府方的一些监控措施,例如:

(1) 使用者满意度调查;

(2) 独立审计;

(3) 定期或不定期检查;

(4) 使用者反馈;等等。

(三) 运营委员会。

在一些社会公共服务项目中,还会设立运营委员会来对项目的绩效进行监控。运营委员会一般由政府方和项目公司指派的至少两位代表组成,其职责根据项目的具体情况而定。运营委员会通常会定期(至少一月一次)审议项目的绩效情况报告,并处理项目有关运营、管理、媒体关系等事项。

(四) 未达到绩效标准的后果。

项目公司未达到绩效标准的,通常会根据该未达标情形对项目的影响程度扣减相应的付款(关于扣款机制,请见第三章第一节第三部分)。如果长期或多次未达标,或者未达标的情形非常严重,则可能构成严重违约,从而导致合同终止。

附录 4

政府和社会资本合作模式操作指南

关于印发政府和社会资本合作模式操作指南（试行）的通知

财金〔2014〕113 号

各省、自治区、直辖市、计划单列市财政厅（局），新疆生产建设兵团财务局：

根据《财政部关于推广运用政府和社会资本合作模式有关问题的通知》（财金〔2014〕76 号），为保证政府和社会资本合作项目实施质量，规范项目识别、准备、采购、执行、移交各环节操作流程，现印发《政府和社会资本合作模式操作指南（试行）》，请遵照执行。

附件：政府和社会资本合作模式操作指南（试行）

财政部
2014 年 11 月 29 日

政府和社会资本合作模式操作指南
（试行）

第一章 总则

第一条 为科学规范地推广运用政府和社会资本合作模式（Public—PrivatePartnership，PPP），根据《中华人民共和国预算法》、《中华人民共和国政府采购法》、《中华人民共和国合同法》、《国务院关于加强地方政府性债务管理的意见》（国发〔2014〕43 号）、《国务院关于深化预算管理制度改革的决定》（国发〔2014〕45 号）和《财政部关于推广运用政府和社会资本合作模式有关问题的通知》（财金〔2014〕76 号）等法律、法规、规章和规范性文件，制定本指南。

第二条 本指南所称社会资本是指已建立现代企业制度的境内外企业法人，但不包括本级政府所属融资平台公司及其他控股国有企业。

第三条 本指南适用于规范政府、社会资本和其他参与方开展政府和社会资本合作项目的识别、准备、采购、执行和移交等活动。

第四条 财政部门应本着社会主义市场经济基本原则，以制度创新、合作契约精神，加强与政府相关部门的协调，积极发挥第三方专业机构作用，全面统筹政府和社会资本合作管理工作。

各省、自治区、直辖市、计划单列市和新疆生产建设兵团财政部门应积极设立政府和社会资本合作中心或指定专门机构，履行规划指导、融资支持、识别评估、咨询服务、宣传培训、绩效评价、信息统计、专家库和项目库建设等职责。

第五条 各参与方应按照公平、公正、公开和诚实信用的原则，依法、规范、高效实施政府和社会资本合作项目。

第二章 项目识别

第六条 投资规模较大、需求长期稳定、价格调整机制灵活、市场化程度较高的基础设施及公共服务类项目，适宜采用政府和社会资本合作模式。

政府和社会资本合作项目由政府或社会资本发起，以政府发起为主。

（一）政府发起。

财政部门（政府和社会资本合作中心）应负责向交通、住建、环保、能源、教育、医疗、体育健身和文化设施等行业主管部门征集潜在政府和社会资本合作项目。行业主管部门可从国民经济和社会发展规划及行业专项规划中的新建、改建项目或存量公共资产中遴选潜在项目。

（二）社会资本发起。

社会资本应以项目建议书的方式向财政部门（政府和社会资本合作中心）推荐潜在政府和社会资本合作项目。

第七条 财政部门（政府和社会资本合作中心）会同行业主管部门，对潜在政府和社会资本合作项目进行评估筛选，确定备选项目。财政部门（政府和社会资本合作中心）应根据筛选结果制定项目年度和中期开发计划。

对于列入年度开发计划的项目，项目发起方应按财政部门（政府和社会资本合作中心）的要求提交相关资料。新建、改建项目应提交可行性研究报告、项目产出说明和初步实施方案；存量项目应提交存量公共资产的历史资料、项目产出说明和初步实施方案。

第八条 财政部门（政府和社会资本合作中心）会同行业主管部门，从定性和定量两方面开展物有所值评价工作。定量评价工作由各地根据实际情况开展。

定性评价重点关注项目采用政府和社会资本合作模式与采用政府传统采购模式相比能否增加供给、优化风险分配、提高运营效率、促进创新和公平竞争等。

定量评价主要通过对政府和社会资本合作项目全生命周期内政府支出成本现值与公共部门比较值进行比较，计算项目的物有所值量值，判断政府和社会资本合作模式是否降低项目全生命周期成本。

第九条 为确保财政中长期可持续性，财政部门应根据项目全生命周期内的财政支出、政府债务等因素，对部分政府付费或政府补贴的项目，开展财政承受能力论证，每年政府付费或政府补贴等财政支出不得超出当年财政收入的一定比例。

通过物有所值评价和财政承受能力论证的项目，可进行项目准备。

第三章 项目准备

第十条 县级（含）以上地方人民政府可建立专门协调机制，主要负责项目评审、组织协调和检查督导等工作，实现简化审批流程、提高工作效率的目的。政府或其指定的有关职能部门或事业单位可作为项目实施机构，负责项目准备、采购、监管和移交等工作。

第十一条 项目实施机构应组织编制项目实施方案，依次对以下内容进行介绍：

（一）项目概况。

项目概况主要包括基本情况、经济技术指标和项目公司股权情况等。

基本情况主要明确项目提供的公共产品和服务内容、项目采用政府和社会资本合作模式运作的必要性和可行性，以及项目运作的目标和意义。

经济技术指标主要明确项目区位、占地面积、建设内容或资产范围、投资规模或资产价值、主要产出说明和资金来源等。

项目公司股权情况主要明确是否要设立项目公司以及公司股权结构。

(二)风险分配基本框架。

按照风险分配优化、风险收益对等和风险可控等原则,综合考虑政府风险管理能力、项目回报机制和市场风险管理能力等要素,在政府和社会资本间合理分配项目风险。

原则上,项目设计、建造、财务和运营维护等商业风险由社会资本承担,法律、政策和最低需求等风险由政府承担,不可抗力等风险由政府和社会资本合理共担。

(三)项目运作方式。

项目运作方式主要包括委托运营、管理合同、建设—运营—移交、建设—拥有—运营、转让—运营—移交和改建—运营—移交等。

具体运作方式的选择主要由收费定价机制、项目投资收益水平、风险分配基本框架、融资需求、改扩建需求和期满处置等因素决定。

(四)交易结构。

交易结构主要包括项目投融资结构、回报机制和相关配套安排。

项目投融资结构主要说明项目资本性支出的资金来源、性质和用途,项目资产的形成和转移等。

项目回报机制主要说明社会资本取得投资回报的资金来源,包括使用者付费、可行性缺口补助和政府付费等支付方式。

相关配套安排主要说明由项目以外相关机构提供的土地、水、电、气和道路等配套设施和项目所需的上下游服务。

(五)合同体系。

合同体系主要包括项目合同、股东合同、融资合同、工程承包合同、运营服务合同、原料供应合同、产品采购合同和保险合同等。项目合同是其中最核心的法律文件。

项目边界条件是项目合同的核心内容,主要包括权利义务、交易条件、履约保障和调整衔接等边界。

权利义务边界主要明确项目资产权属、社会资本承担的公共责任、政府支付方式和风险分配结果等。

交易条件边界主要明确项目合同期限、项目回报机制、收费定价调整机制和产出说明等。

履约保障边界主要明确强制保险方案以及由投资竞争保函、建设履约保函、运营维护保函和移交维修保函组成的履约保函体系。

调整衔接边界主要明确应急处置、临时接管和提前终止、合同变更、合同展期、项目新增改扩建需求等应对措施。

（六）监管架构。

监管架构主要包括授权关系和监管方式。授权关系主要是政府对项目实施机构的授权，以及政府直接或通过项目实施机构对社会资本的授权；监管方式主要包括履约管理、行政监管和公众监督等。

（七）采购方式选择。

项目采购应根据《中华人民共和国政府采购法》及相关规章制度执行，采购方式包括公开招标、竞争性谈判、邀请招标、竞争性磋商和单一来源采购。项目实施机构应根据项目采购需求特点，依法选择适当采购方式。

公开招标主要适用于核心边界条件和技术经济参数明确、完整、符合国家法律法规和政府采购政策，且采购中不作更改的项目。

第十二条 财政部门（政府和社会资本合作中心）应对项目实施方案进行物有所值和财政承受能力验证，通过验证的，由项目实施机构报政府审核；未通过验证的，可在实施方案调整后重新验证；经重新验证仍不能通过的，不再采用政府和社会资本合作模式。

第四章 项目采购

第十三条 项目实施机构应根据项目需要准备资格预审文件，发布资格预审公告，邀请社会资本和与其合作的金融机构参与资格预审，验证项目能否获得社会资本响应和实现充分竞争，并将资格预审的评审报告提交财政部门(政府和社会资本合作中心) 备案。

项目有 3 家以上社会资本通过资格预审的，项目实施机构可以继续开展采购文件准备工作；项目通过资格预审的社会资本不足 3 家的，项目实施机构应在实施方案调整后重新组织资格预审；项目经重新资格预审合格社会资本仍不够 3 家的，可依法调整实施方案选择的采购方式。

第十四条 资格预审公告应在省级以上人民政府财政部门指定的媒体上发布。资格预审合格的社会资本在签订项目合同前资格发生变化的，应及时通知项目实施机构。

资格预审公告应包括项目授权主体、项目实施机构和项目名称、采购需求、对社会资本的资格要求、是否允许联合体参与采购活动、拟确定参与竞争的合格社会资本的家数和确定方法,以及社会资本提交资格预审申请文件的时间和地点。提交资格预审申请文件的时间自公告发布之日起不得少于15个工作日。

第十五条　项目采购文件应包括采购邀请、竞争者须知(包括密封、签署、盖章要求等)、竞争者应提供的资格、资信及业绩证明文件、采购方式、政府对项目实施机构的授权、实施方案的批复和项目相关审批文件、采购程序、响应文件编制要求、提交响应文件截止时间、开启时间及地点、强制担保的保证金交纳数额和形式、评审方法、评审标准、政府采购政策要求、项目合同草案及其他法律文本等。

采用竞争性谈判或竞争性磋商采购方式的,项目采购文件除上款规定的内容外,还应明确评审小组根据与社会资本谈判情况可能实质性变动的内容,包括采购需求中的技术、服务要求以及合同草案条款。

第十六条　评审小组由项目实施机构代表和评审专家共5人以上单数组成,其中评审专家人数不得少于评审小组成员总数的2/3。评审专家可以由项目实施机构自行选定,但评审专家中应至少包含1名财务专家和1名法律专家。项目实施机构代表不得以评审专家身份参加项目的评审。

第十七条　项目采用公开招标、邀请招标、竞争性谈判、单一来源采购方式开展采购的,按照政府采购法律法规及有关规定执行。

项目采用竞争性磋商采购方式开展采购的,按照下列基本程序进行:

(一)采购公告发布及报名。

竞争性磋商公告应在省级以上人民政府财政部门指定的媒体上发布。竞争性磋商公告应包括项目实施机构和项目名称、项目结构和核心边界条件、是否允许未进行资格预审的社会资本参与采购活动,以及审查原则、项目产出说明、对社会资本提供的响应文件要求、获取采购文件的时间、地点、方式及采购文件的售价、提交响应文件截止时间、开启时间及地点。提交响应文件的时间自公告发布之日起不得少于10日。

(二)资格审查及采购文件发售。

已进行资格预审的,评审小组在评审阶段不再对社会资本资格进行审查。

允许进行资格后审的,由评审小组在响应文件评审环节对社会资本进行资格审查。项目实施机构可以视项目的具体情况,组织对符合条件的社会资本的资格条件,进行考察核实。

采购文件售价,应按照弥补采购文件印制成本费用的原则确定,不得以营利为目的,不得以项目采购金额作为确定采购文件售价依据。采购文件的发售期限自开始之日起不得少于5个工作日。

(三) 采购文件的澄清或修改。

提交首次响应文件截止之日前,项目实施机构可以对已发出的采购文件进行必要的澄清或修改,澄清或修改的内容应作为采购文件的组成部分。澄清或修改的内容可能影响响应文件编制的,项目实施机构应在提交首次响应文件截止时间至少5日前,以书面形式通知所有获取采购文件的社会资本;不足5日的,项目实施机构应顺延提交响应文件的截止时间。

(四) 响应文件评审。

项目实施机构应按照采购文件规定组织响应文件的接收和开启。

评审小组对响应文件进行两阶段评审:

第一阶段:确定最终采购需求方案。评审小组可以与社会资本进行多轮谈判,谈判过程中可实质性修订采购文件的技术、服务要求以及合同草案条款,但不得修订采购文件中规定的不可谈判核心条件。实质性变动的内容,须经项目实施机构确认,并通知所有参与谈判的社会资本。具体程序按照《政府采购非招标方式管理办法》及有关规定执行。

第二阶段:综合评分。最终采购需求方案确定后,由评审小组对社会资本提交的最终响应文件进行综合评分,编写评审报告并向项目实施机构提交候选社会资本的排序名单。具体程序按照《政府采购货物和服务招标投标管理办法》及有关规定执行。

第十八条 项目实施机构应在资格预审公告、采购公告、采购文件、采购合同中,列明对本国社会资本的优惠措施及幅度、外方社会资本采购我国生产的货物和服务要求等相关政府采购政策,以及对社会资本参与采购活动和履约保证的强制担保要求。社会资本应以支票、汇票、本票或金融机构、担保机构出具的保函等非现金形式缴纳保证金。参加采购活动的保证金的数额不得超过项目预算金额的2%。履约保证金的数额不得超过政府和社会资本合作项目初始投资总额或资产评估值的10%。无固定资产投资或投资额不大的服务型合作项目，履约保证金的数额不得超过平均6个月的服务收入额。

第十九条　项目实施机构应组织社会资本进行现场考察或召开采购前答疑会，但不得单独或分别组织只有一个社会资本参加的现场考察和答疑会。

第二十条　项目实施机构应成立专门的采购结果确认谈判工作组。按照候选社会资本的排名，依次与候选社会资本及与其合作的金融机构就合同中可变的细节问题进行合同签署前的确认谈判，率先达成一致的即为中选者。确认谈判不得涉及合同中不可谈判的核心条款，不得与排序在前但已终止谈判的社会资本进行再次谈判。

第二十一条　确认谈判完成后，项目实施机构应与中选社会资本签署确认谈判备忘录，并将采购结果和根据采购文件、响应文件、补遗文件和确认谈判备忘录拟定的合同文本进行公示，公示期不得少于5个工作日。合同文本应将中选社会资本响应文件中的重要承诺和技术文件等作为附件。合同文本中涉及国家秘密、商业秘密的内容可以不公示。

公示期满无异议的项目合同，应在政府审核同意后，由项目实施机构与中选社会资本签署。

需要为项目设立专门项目公司的，待项目公司成立后，由项目公司与项目实施机构重新签署项目合同，或签署关于承继项目合同的补充合同。

项目实施机构应在项目合同签订之日起2个工作日内，将项目合同在省级以上人民政府财政部门指定的媒体上公告，但合同中涉及国家秘密、商业秘密的内容除外。

第二十二条　各级人民政府财政部门应当加强对PPP项目采购活动的监督检查，及时处理采购活动中的违法违规行为。

第五章　项目执行

第二十三条　社会资本可依法设立项目公司。政府可指定相关机构依法参股项目公司。项目实施机构和财政部门（政府和社会资本合作中心）应监督社会资本按照采购文件和项目合同约定，按时足额出资设立项目公司。

第二十四条　项目融资由社会资本或项目公司负责。社会资本或项目公司应及时开展融资方案设计、机构接洽、合同签订和融资交割等工作。财政部门（政府和社会资本合作中心）和项目实施机构应做好监督管理工作，防止

企业债务向政府转移。

社会资本或项目公司未按照项目合同约定完成融资的，政府可提取履约保函直至终止项目合同；遇系统性金融风险或不可抗力的，政府、社会资本或项目公司可根据项目合同约定协商修订合同中相关融资条款。

当项目出现重大经营或财务风险，威胁或侵害债权人利益时，债权人可依据与政府、社会资本或项目公司签订的直接介入协议或条款，要求社会资本或项目公司改善管理等。在直接介入协议或条款约定期限内，重大风险已解除的，债权人应停止介入。

第二十五条 项目合同中涉及的政府支付义务，财政部门应结合中长期财政规划统筹考虑，纳入同级政府预算，按照预算管理相关规定执行。财政部门(政府和社会资本合作中心)和项目实施机构应建立政府和社会资本合作项目政府支付台账，严格控制政府财政风险。在政府综合财务报告制度建立后，政府和社会资本合作项目中的政府支付义务应纳入政府综合财务报告。

第二十六条 项目实施机构应根据项目合同约定，监督社会资本或项目公司履行合同义务，定期监测项目产出绩效指标，编制季报和年报，并报财政部门(政府和社会资本合作中心)备案。

政府有支付义务的，项目实施机构应根据项目合同约定的产出说明，按照实际绩效直接或通知财政部门向社会资本或项目公司及时足额支付。设置超额收益分享机制的，社会资本或项目公司应根据项目合同约定向政府及时足额支付应享有的超额收益。

项目实际绩效优于约定标准的，项目实施机构应执行项目合同约定的奖励条款，并可将其作为项目期满合同能否展期的依据；未达到约定标准的，项目实施机构应执行项目合同约定的惩处条款或救济措施。

第二十七条 社会资本或项目公司违反项目合同约定，威胁公共产品和服务持续稳定安全供给，或危及国家安全和重大公共利益的，政府有权临时接管项目，直至启动项目提前终止程序。

政府可指定合格机构实施临时接管。临时接管项目所产生的一切费用，将根据项目合同约定，由违约方单独承担或由各责任方分担。社会资本或项目公司应承担的临时接管费用，可以从其应获终止补偿中扣减。

第二十八条 在项目合同执行和管理过程中，项目实施机构应重点关注合同修订、违约责任和争议解决等工作。

（一）合同修订。

按照项目合同约定的条件和程序，项目实施机构和社会资本或项目公司可根据社会经济环境、公共产品和服务的需求量及结构等条件的变化，提出修订项目合同申请，待政府审核同意后执行。

（二）违约责任。

项目实施机构、社会资本或项目公司未履行项目合同约定义务的，应承担相应违约责任，包括停止侵害、消除影响、支付违约金、赔偿损失以及解除项目合同等。

（三）争议解决。

在项目实施过程中，按照项目合同约定，项目实施机构、社会资本或项目公司可就发生争议且无法协商达成一致的事项，依法申请仲裁或提起民事诉讼。

第二十九条　项目实施机构应每3~5年对项目进行中期评估，重点分析项目运行状况和项目合同的合规性、适应性和合理性；及时评估已发现问题的风险，制订应对措施，并报财政部门（政府和社会资本合作中心）备案。

第三十条　政府相关职能部门应根据国家相关法律法规对项目履行行政监管职责，重点关注公共产品和服务质量、价格和收费机制、安全生产、环境保护和劳动者权益等。

社会资本或项目公司对政府职能部门的行政监管处理决定不服的，可依法申请行政复议或提起行政诉讼。

第三十一条　政府、社会资本或项目公司应依法公开披露项目相关信息，保障公众知情权，接受社会监督。

社会资本或项目公司应披露项目产出的数量和质量、项目经营状况等信息。政府应公开不涉及国家秘密、商业秘密的政府和社会资本合作项目合同条款、绩效监测报告、中期评估报告和项目重大变更或终止情况等。

社会公众及项目利益相关方发现项目存在违法、违约情形或公共产品和服务不达标准的，可向政府职能部门提请监督检查。

第六章　项目移交

第三十二条　项目移交时，项目实施机构或政府指定的其他机构代表政府收回项目合同约定的项目资产。

项目合同中应明确约定移交形式、补偿方式、移交内容和移交标准。移交形式包括期满终止移交和提前终止移交；补偿方式包括无偿移交和有偿移交；移交内容包括项目资产、人员、文档和知识产权等；移交标准包括设备完好率和最短可使用年限等指标。

采用有偿移交的，项目合同中应明确约定补偿方案；没有约定或约定不明的，项目实施机构应按照"恢复相同经济地位"原则拟定补偿方案，报政府审核同意后实施。

第三十三条　项目实施机构或政府指定的其他机构应组建项目移交工作组，根据项目合同约定与社会资本或项目公司确认移交情形和补偿方式，制定资产评估和性能测试方案。

项目移交工作组应委托具有相关资质的资产评估机构，按照项目合同约定的评估方式，对移交资产进行资产评估，作为确定补偿金额的依据。

项目移交工作组应严格按照性能测试方案和移交标准对移交资产进行性能测试。性能测试结果不达标的，移交工作组应要求社会资本或项目公司进行恢复性修理、更新重置或提取移交维修保函。

第三十四条　社会资本或项目公司应将满足性能测试要求的项目资产、知识产权和技术法律文件，连同资产清单移交项目实施机构或政府指定的其他机构，办妥法律过户和管理权移交手续。社会资本或项目公司应配合做好项目运营平稳过渡相关工作。

第三十五条　项目移交完成后，财政部门（政府和社会资本合作中心）应组织有关部门对项目产出、成本效益、监管成效、可持续性、政府和社会资本合作模式应用等进行绩效评价，并按相关规定公开评价结果。评价结果作为政府开展政府和社会资本合作管理工作决策参考依据。

第七章　附则

第三十六条　本操作指南自印发之日起施行，有效期3年。

第三十七条　本操作指南由财政部负责解释。

1.政府和社会资本合作项目操作流程图
政府和社会资本合作项目操作流程图

2.名词解释

全生命周期（WholeLifeCycle），是指项目从设计、融资、建造、运营、维护至终止移交的完整周期。

产出说明（OutputSpecification），是指项目建成后项目资产所应达到的经济、技术标准，以及公共产品和服务的交付范围、标准和绩效水平等。

物有所值（ValueforMoney，VFM），是指一个组织运用其可利用资源所能获得的长期最大利益。VFM评价是国际上普遍采用的一种评价，传统上由政府提供的公共产品和服务是否可运用政府和社会资本合作模式的评估体系，旨在实现公共资源配置利用效率最优化。

公共部门比较值（PublicSectorComparator，PSC），是指在全生命周期内，政府采用传统采购模式提供公共产品和服务的全部成本的现值，主要包括建设运营净成本、可转移风险承担成本、自留风险承担成本和竞争性中立调整成本等。

使用者付费（UserCharge），是指由最终消费用户直接付费购买公共产品和服务。

可行性缺口补助（ViabilityGapFunding），是指使用者付费不足以满足社会资本或项目公司成本回收和合理回报，而由政府以财政补贴、股本投入、优惠贷款和其他优惠政策的形式，给予社会资本或项目公司的经济补助。

政府付费（GovernmentPayment），是指政府直接付费购买公共产品和服务，主要包括可用性付费（AvailabilityPayment）、使用量付费（UsagePayment）和绩效付费（PerformancePayment）。政府付费的依据主要是设施可用性、产品和服务使用量和质量等要素。

委托运营（Operations&Maintenance，O&M），是指政府将存量公共资产的运营维护职责委托给社会资本或项目公司，社会资本或项目公司不负责用户服务的政府和社会资本合作项目运作方式。政府保留资产所有权，只向社会资本或项目公司支付委托运营费。合同期限一般不超过8年。

管理合同（ManagementContract，MC），是指政府将存量公共资产的运营、维护及用户服务职责授权给社会资本或项目公司的项目运作方式。政府保留资产所有权，只向社会资本或项目公司支付管理费。管理合同通常作为转让—运营—移交的过渡方式，合同期限一般不超过3年。

建设—运营—移交（Build-Operate-Transfer，BOT），是指由社会资本或项目公司承担新建项目设计、融资、建造、运营、维护和用户服务职责，合同期满后项目资产及相关权利等移交给政府的项目运作方式。合同期限一般为20~30年。

建设—拥有—运营（Build-Own-Operate，BOO），由BOT方式演变而来，二者区别主要是BOO方式下社会资本或项目公司拥有项目所有权，但必须在合同中注明保证公益性的约束条款，一般不涉及项目期满移交。

转让—运营—移交（Transfer-Operate-Transfer，TOT），是指政府将存量资产所有权有偿转让给社会资本或项目公司，并由其负责运营、维护和用户服务，合同期满后资产及其所有权等移交给政府的项目运作方式。合同期限一般为20~30年。

改建—运营—移交（Rehabilitate-Operate-Transfer，ROT），是指政府在TOT模式的基础上，增加改扩建内容的项目运作方式。合同期限一般为20~30年。

附录 5

政府和社会资本合作项目财政承受能力论证指引

关于印发《政府和社会资本合作项目财政承受能力论证指引》的通知

财金〔2015〕21 号

各省、自治区、直辖市、计划单列市财政厅（局），新疆生产建设兵团财务局：

根据《国务院关于创新重点领域投融资机制 鼓励社会投资的指导意见》（国发〔2014〕60 号）、《财政部关于推广运用政府和社会资本合作模式有关问题的通知》（财金〔2014〕76 号）和《财政部关于印发政府和社会资本合作模式操作指南（试行）的通知》（财金〔2014〕113 号），为有序推进政府和社会资本合作(Public—PrivatePartnership，以下简称PPP)项目实施，保障政府切实履行合同义务，有效防范和控制财政风险，现印发《政府和社会资本合作项目财政承受能力论证指引》。请遵照执行。

财政部
2015 年 4 月 7 日

政府和社会资本合作项目财政承受能力论证指引

第一章　总则

第一条　根据《中华人民共和国预算法》、《国务院关于加强地方政府性债务管理的意见》（国发〔2014〕43 号）、《国务院关于深化预算管理制度改革的决定》（国发〔2014〕45 号）、《国务院关于创新重点领域投融资机制鼓励社会投资的指导意见》（国发〔2014〕60 号）、《财政部关于推广运用政府和社会资本合作模式有关问题的通知》（财金〔2014〕76 号）和《财政部关于印发政府和社会资本合作模式操作指南（试行）的通知》（财金〔2014〕113 号）等有关规定，制定本指引。

第二条 本指引所称财政承受能力论证是指识别、测算政府和社会资本合作（Public—PrivatePartnership，以下简称 PPP）项目的各项财政支出责任，科学评估项目实施对当前及今后年度财政支出的影响，为 PPP 项目财政管理提供依据。

第三条 开展 PPP 项目财政承受能力论证，是政府履行合同义务的重要保障，有利于规范 PPP 项目财政支出管理，有序推进项目实施，有效防范和控制财政风险，实现 PPP 可持续发展。

第四条 财政承受能力论证采用定量和定性分析方法，坚持合理预测、公开透明、从严把关，统筹处理好当期与长远关系，严格控制 PPP 项目财政支出规模。

第五条 财政承受能力论证的结论分为"通过论证"和"未通过论证"。"通过论证"的项目，各级财政部门应当在编制年度预算和中期财政规划时，将项目财政支出责任纳入预算统筹安排。"未通过论证"的项目，则不宜采用 PPP 模式。

第六条 各级财政部门（或 PPP 中心）负责组织开展行政区域内 PPP 项目财政承受能力论证工作。省级财政部门负责汇总统计行政区域内的全部 PPP 项目财政支出责任，对财政预算编制、执行情况实施监督管理。

第七条 财政部门（或 PPP 中心）应当会同行业主管部门，共同开展 PPP 项目财政承受能力论证工作。必要时可通过政府采购方式聘请专业中介机构协助。

第八条 各级财政部门（或 PPP 中心）要以财政承受能力论证结论为依据，会同有关部门统筹做好项目规划、设计、采购、建设、运营、维护等全生命周期管理工作。

第二章 责任识别

第九条 PPP 项目全生命周期过程的财政支出责任，主要包括股权投资、运营补贴、风险承担、配套投入等。

第十条 股权投资支出责任是指在政府与社会资本共同组建项目公司的情况下，政府承担的股权投资支出责任。如果社会资本单独组建项目公司，政府不承担股权投资支出责任。

第十一条 运营补贴支出责任是指在项目运营期间，政府承担的直接付费责任。不同付费模式下,政府承担的运营补贴支出责任不同。政府付费模式下,政府承担全部运营补贴支出责任;可行性缺口补助模式下,政府承担部分运营补贴支出责任;使用者付费模式下,政府不承担运营补贴支出责任。

第十二条 风险承担支出责任是指项目实施方案中政府承担风险带来的财政或有支出责任。通常由政府承担的法律风险、政策风险、最低需求风险以及因政府方原因导致项目合同终止等突发情况,会产生财政或有支出责任。

第十三条 配套投入支出责任是指政府提供的项目配套工程等其他投入责任,通常包括土地征收和整理、建设部分项目配套措施、完成项目与现有相关基础设施和公用事业的对接、投资补助、贷款贴息等。配套投入支出应依据项目实施方案合理确定。

第三章 支出测算

第十四条 财政部门(或PPP中心)应当综合考虑各类支出责任的特点、情景和发生概率等因素,对项目全生命周期内财政支出责任分别进行测算。

第十五条 股权投资支出应当依据项目资本金要求以及项目公司股权结构合理确定。股权投资支出责任中的土地等实物投入或无形资产投入,应依法进行评估,合理确定价值。计算公式为:

股权投资支出 = 项目资本金 × 政府占项目公司股权比例?

第十六条 运营补贴支出应当根据项目建设成本、运营成本及利润水平合理确定,并按照不同付费模式分别测算。

对政府付费模式的项目,在项目运营补贴期间,政府承担全部直接付费责任。政府每年直接付费数额包括:社会资本方承担的年均建设成本(折算成各年度现值)、年度运营成本和合理利润。计算公式为:

当年运营补贴支出数额 =
$$\frac{项目全部建成成本 \times (1+合理利润率) \times (1+年度折现率)^n}{财政运营补贴周期(年)} + 年度运营成本 \times (1+合理利润率)$$

对可行性缺口补助模式的项目,在项目运营补贴期间,政府承担部分直接付费责任。政府每年直接付费数额包括:社会资本方承担的年均建设成本(折算成各年度现值)、年度运营成本和合理利润,再减去每年使用者付费的数额。计算公式为:

当年运营补贴支出数额 =

$$\frac{项目全部建成成本 \times (1+合理利润率) \times (1+年度折现率)^n}{财政运营补贴周期（年）} + 年度运营成本 \times (1+合理利润率) - 当年使用者付费数额?$$

n 代表折现年数。财政运营补贴周期指财政提供运营补贴的年数。

第十七条 年度折现率应考虑财政补贴支出发生年份，并参照同期地方政府债券收益率合理确定。

第十八条 合理利润率应以商业银行中长期贷款利率水平为基准，充分考虑可用性付费、使用量付费、绩效付费的不同情景，结合风险等因素确定。

第十九条 在计算运营补贴支出时，应当充分考虑合理利润率变化对运营补贴支出的影响。

第二十条 PPP 项目实施方案中的定价和调价机制通常与消费物价指数、劳动力市场指数等因素挂钩，会影响运营补贴支出责任。在可行性缺口补助模式下，运营补贴支出责任受到使用者付费数额的影响，而使用者付费的多少因定价和调价机制而变化。在计算运营补贴支出数额时，应当充分考虑定价和调价机制的影响。

第二十一条 风险承担支出应充分考虑各类风险出现的概率和带来的支出责任，可采用比例法、情景分析法及概率法进行测算。如果 PPP 合同约定保险赔款的第一受益人为政府，则风险承担支出应为扣除该等风险赔款金额的净额。

比例法。在各类风险支出数额和概率难以进行准确测算的情况下，可以按照项目的全部建设成本和一定时期内的运营成本的一定比例确定风险承担支出。

情景分析法。在各类风险支出数额可以进行测算、但出现概率难以确定的情况下，可针对影响风险的各类事件和变量进行"基本"、"不利"及"最坏"等情景假设，测算各类风险发生带来的风险承担支出。计算公式为：

风险承担支出数额 = 基本情景下财政支出数额 × 基本情景出现的概率 + 不利情景下财政支出数额 × 不利情景出现的概率 + 最坏情景下财政支出数额 × 最坏情景出现的概率

概率法。在各类风险支出数额和发生概率均可进行测算的情况下，可将所有可变风险参数作为变量,根据概率分布函数,计算各种风险发生带来的风险承担支出。

第二十二条 配套投入支出责任应综合考虑政府将提供的其他配套投入总成本和社会资本方为此支付的费用。配套投入支出责任中的土地等实物投入或无形资产投入,应依法进行评估,合理确定价值。计算公式为:

配套投入支出数额=政府拟提供的其他投入总成本－社会资本方支付的费用

第四章 能力评估

第二十三条 财政部门(或 PPP 中心)识别和测算单个项目的财政支出责任后,汇总年度全部已实施和拟实施的 PPP 项目,进行财政承受能力评估。

第二十四条 财政承受能力评估包括财政支出能力评估以及行业和领域平衡性评估。财政支出能力评估,是根据 PPP 项目预算支出责任,评估 PPP 项目实施对当前及今后年度财政支出的影响;行业和领域均衡性评估,是根据 PPP 模式适用的行业和领域范围,以及经济社会发展需要和公众对公共服务的需求,平衡不同行业和领域 PPP 项目,防止某一行业和领域 PPP 项目过于集中。

第二十五条 每一年度全部 PPP 项目需要从预算中安排的支出责任,占一般公共预算支出比例应当不超过 10%。省级财政部门可根据本地实际情况,因地制宜确定具体比例,并报财政部备案,同时对外公布。

第二十六 条鼓励列入地方政府性债务风险预警名单的高风险地区,采取 PPP 模式化解地方融资平台公司存量债务。同时,审慎控制新建 PPP 项目规模,防止因项目实施加剧财政收支矛盾。

第二十七条 在进行财政支出能力评估时,未来年度一般公共预算支出数额可参照前五年相关数额的平均值及平均增长率计算,并根据实际情况进行适当调整。

第二十八条 "通过论证"且经同级人民政府审核同意实施的 PPP 项目,各级财政部门应当将其列入 PPP 项目目录,并在编制中期财政规划时,将项目财政支出责任纳入预算统筹安排。

第二十九条 在 PPP 项目正式签订合同时,财政部门(或 PPP 中心)应当对合同进行审核,确保合同内容与财政承受能力论证保持一致,防止因合同内容调整导致财政支出责任出现重大变化。财政部门要严格按照合同执行，及时办理支付手续，切实维护地方政府信用，保障公共服务有效供给。

第五章　信息披露

第三十条　省级财政部门应当汇总区域内的项目目录，及时向财政部报告，财政部通过统一信息平台（PPP中心网站）发布。

第三十一条　各级财政部门（或PPP中心）应当通过官方网站及报刊媒体，每年定期披露当地PPP项目目录、项目信息及财政支出责任情况。应披露的财政支出责任信息包括：PPP项目的财政支出责任数额及年度预算安排情况、财政承受能力论证考虑的主要因素和指标等。

第三十二条　项目实施后，各级财政部门（或PPP中心）应跟踪了解项目运营情况，包括项目使用量、成本费用、考核指标等信息，定期对外发布。

第六章　附则

第三十三条　财政部门按照权责发生制会计原则，对政府在PPP项目中的资产投入，以及与政府相关项目资产进行会计核算，并在政府财务统计、政府财务报告中反映；按照收付实现制会计原则，对PPP项目相关的预算收入与支出进行会计核算，并在政府决算报告中反映。

第三十四条　本指引自印发之日起施行。

附录 6

关于在公共服务领域推广政府和社会资本合作模式的指导意见

国务院办公厅转发财政部发展改革委人民银行关于在公共服务领域推广政府和社会资本合作模式指导意见的通知

国办发〔2015〕42号

各省、自治区、直辖市人民政府，国务院各部委、各直属机构：

　　财政部、发展改革委、人民银行《关于在公共服务领域推广政府和社会资本合作模式的指导意见》已经国务院同意，现转发给你们，请认真贯彻执行。

　　在公共服务领域推广政府和社会资本合作模式，是转变政府职能、激发市场活力、打造经济新增长点的重要改革举措。围绕增加公共产品和公共服务供给，在能源、交通运输、水利、环境保护、农业、林业、科技、保障性安居工程、医疗、卫生、养老、教育、文化等公共服务领域，广泛采用政府和社会资本合作模式，对统筹做好稳增长、促改革、调结构、惠民生、防风险工作具有战略意义。

　　各地区、各部门要按照简政放权、放管结合、优化服务的要求，简化行政审批程序，推进立法工作，进一步完善制度，规范流程，加强监管，多措并举，在财税、价格、土地、金融等方面加大支持力度，保证社会资本和公众共同受益，通过资本市场和开发性、政策性金融等多元融资渠道，吸引社会资本参与公共产品和公共服务项目的投资、运营管理，提高公共产品和公共服务供给能力与效率。

　　各地区、各部门要高度重视，精心组织实施，加强协调配合，形成工作合力，切实履行职责，共同抓好落实。

国务院办公厅
2015 年 5 月 19 日

（此件公开发布）

关于在公共服务领域推广政府和社会资本合作模式的指导意见

财政部　发展改革委　人民银行

为打造大众创业、万众创新和增加公共产品、公共服务"双引擎",让广大人民群众享受到优质高效的公共服务,在改善民生中培育经济增长新动力,现就改革创新公共服务供给机制,大力推广政府和社会资本合作(Public—PrivatePartnership,PPP)模式,提出以下意见:

一、充分认识推广政府和社会资本合作模式的重大意义

政府和社会资本合作模式是公共服务供给机制的重大创新,即政府采取竞争性方式择优选择具有投资、运营管理能力的社会资本,双方按照平等协商原则订立合同,明确责权利关系,由社会资本提供公共服务,政府依据公共服务绩效评价结果向社会资本支付相应对价,保证社会资本获得合理收益。政府和社会资本合作模式有利于充分发挥市场机制作用,提升公共服务的供给质量和效率,实现公共利益最大化。

(一)有利于加快转变政府职能,实现政企分开、政事分开。作为社会资本的境内外企业、社会组织和中介机构承担公共服务涉及的设计、建设、投资、融资、运营和维护等责任,政府作为监督者和合作者,减少对微观事务的直接参与,加强发展战略制定、社会管理、市场监管、绩效考核等职责,有助于解决政府职能错位、越位和缺位的问题,深化投融资体制改革,推进国家治理体系和治理能力现代化。

(二)有利于打破行业准入限制,激发经济活力和创造力。政府和社会资本合作模式可以有效打破社会资本进入公共服务领域的各种不合理限制,鼓励国有控股企业、民营企业、混合所有制企业等各类型企业积极参与提供公共服务,给予中小企业更多参与机会,大幅拓展社会资本特别是民营资本的发展空间,激发市场主体活力和发展潜力,有利于盘活社会存量资本,形成多元化、可持续的公共服务资金投入渠道,打造新的经济增长点,增强经济增长动力。

（三）有利于完善财政投入和管理方式，提高财政资金使用效益。在政府和社会资本合作模式下，政府以运营补贴等作为社会资本提供公共服务的对价，以绩效评价结果作为对价支付依据，并纳入预算管理、财政中期规划和政府财务报告，能够在当代人和后代人之间公平地分担公共资金投入，符合代际公平原则，有效弥补当期财政投入不足，有利于减轻当期财政支出压力，平滑年度间财政支出波动，防范和化解政府性债务风险。

二、总体要求

（四）指导思想。贯彻落实党的十八大和十八届二中、三中、四中全会精神，按照党中央、国务院决策部署，借鉴国际成熟经验，立足国内实际情况，改革创新公共服务供给机制和投入方式，发挥市场在资源配置中的决定性作用，更好发挥政府作用，引导和鼓励社会资本积极参与公共服务供给，为广大人民群众提供优质高效的公共服务。

（五）基本原则。

依法合规。将政府和社会资本合作纳入法制化轨道，建立健全制度体系，保护参与各方的合法权益，明确全生命周期管理要求，确保项目规范实施。

重诺履约。政府和社会资本法律地位平等、权利义务对等，必须树立契约理念，坚持平等协商、互利互惠、诚实守信、严格履约。

公开透明。实行阳光化运作，依法充分披露政府和社会资本合作项目重要信息，保障公众知情权，对参与各方形成有效监督和约束。

公众受益。加强政府监管，将政府的政策目标、社会目标和社会资本的运营效率、技术进步有机结合，促进社会资本竞争和创新，确保公共利益最大化。

积极稳妥。鼓励地方各级人民政府和行业主管部门因地制宜，探索符合当地实际和行业特点的做法，总结提炼经验，形成适合我国国情的发展模式。坚持必要、合理、可持续的财政投入原则，有序推进项目实施，控制项目的政府支付责任，防止政府支付责任过重加剧财政收支矛盾，带来支出压力。

（六）发展目标。立足于加强和改善公共服务，形成有效促进政府和社会资本合作模式规范健康发展的制度体系，培育统一规范、公开透明、竞争有序、监管有力的政府和社会资本合作市场。着力化解地方政府性债务风险，积极引进社会资本参与地方融资平台公司存量项目改造，争取通过政府和社会资本合作模式减少地方政府性债务。在新建公共服务项目中，逐步增加使用政府和社会资本合作模式的比例。

三、构建保障政府和社会资本合作模式持续健康发展的制度体系

（七）明确项目实施的管理框架。建立健全制度规范体系，实施全生命周期管理，保证项目实施质量。进一步完善操作指南，规范项目识别、准备、采购、执行、移交各环节操作流程，明确操作要求，指导社会资本参与实施。制定合同指南，推动共性问题处理方式标准化。制定分行业、分领域的标准化合同文本，提高合同编制效率和谈判效率。按照预算法、合同法、政府采购法及其实施条例、《国务院办公厅关于政府向社会力量购买服务的指导意见》（国办发〔2013〕96号）等要求，建立完善管理细则，规范选择合作伙伴的程序和方法，维护国家利益、社会公共利益和社会资本的合法权益。

（八）健全财政管理制度。开展财政承受能力论证，统筹评估和控制项目的财政支出责任，促进中长期财政可持续发展。建立完善公共服务成本财政管理和会计制度，创新资源组合开发模式，针对政府付费、使用者付费、可行性缺口补助等不同支付机制，将项目涉及的运营补贴、经营收费权和其他支付对价等，按照国家统一的会计制度进行核算，纳入年度预算、中期财政规划，在政府财务报告中进行反映和管理，并向本级人大或其常委会报告。存量公共服务项目转型为政府和社会资本合作项目过程中，应依法进行资产评估，合理确定价值，防止公共资产流失和贱卖。项目实施过程中政府依法获得的国有资本收益、约定的超额收益分成等公共收入应上缴国库。

（九）建立多层次监督管理体系。行业主管部门根据经济社会发展规划及专项规划发起政府和社会资本合作项目，社会资本也可根据当地经济社会发展需求建议发起。行业主管部门应制定不同领域的行业技术标准、公共产品或服务技术规范，加强对公共服务质量和价格的监管。建立政府、公众共同参与的综合性评价体系，建立事前设定绩效目标、事中进行绩效跟踪、事后进行绩效评价的全生命周期绩效管理机制，将政府付费、使用者付费与绩效评价挂钩，并将绩效评价结果作为调价的重要依据，确保实现公共利益最大化。依法充分披露项目实施相关信息，切实保障公众知情权，接受社会监督。

（十）完善公共服务价格调整机制。积极推进公共服务领域价格改革，按照补偿成本、合理收益、节约资源、优质优价、公平负担的原则，加快理顺公共服务价格。依据项目运行情况和绩效评价结果，健全公共服务价格调整机制，完善政府价格决策听证制度，广泛听取社会资本、公众和有关部门意见，确保定价调价的科学性。及时披露项目运行过程中的成本变化、公共服务质量等信息，提高定价调价的透明度。

（十一）完善法律法规体系。推进相关立法，填补政府和社会资本合作领域立法空白，着力解决政府和社会资本合作项目运作与现行法律之间的衔接协调问题，明确政府出资的法律依据和出资性质，规范政府和社会资本的责权利关系，明确政府相关部门的监督管理责任，为政府和社会资本合作模式健康发展提供良好的法律环境和稳定的政策预期。鼓励有条件的地方立足当地实际，依据立法法相关规定，出台地方性法规或规章，进一步有针对性地规范政府和社会资本合作模式的运用。

四、规范推进政府和社会资本合作项目实施

（十二）广泛采用政府和社会资本合作模式提供公共服务。在能源、交通运输、水利、环境保护、农业、林业、科技、保障性安居工程、医疗、卫生、养老、教育、文化等公共服务领域，鼓励采用政府和社会资本合作模式，吸引社会资本参与。其中，在能源、交通运输、水利、环境保护、市政工程等特定领域需要实施特许经营的，按《基础设施和公用事业特许经营管理办法》执行。

（十三）化解地方政府性债务风险。积极运用转让—运营—移交（TOT）、改建—运营—移交（ROT）等方式，将融资平台公司存量公共服务项目转型为政府和社会资本合作项目，引入社会资本参与改造和运营，在征得债权人同意的前提下，将政府性债务转换为非政府性债务，减轻地方政府的债务压力，腾出资金用于重点民生项目建设。大力推动融资平台公司与政府脱钩，进行市场化改制，健全完善公司治理结构，对已经建立现代企业制度、实现市场化运营的，在其承担的地方政府债务已纳入政府财政预算、得到妥善处置并明确公告今后不再承担地方政府举债融资职能的前提下，可作为社会资本参与当地政府和社会资本合作项目，通过与政府签订合同方式，明确责权利关系。严禁融资平台公司通过保底承诺等方式参与政府和社会资本合作项目，进行变相融资。

（十四）提高新建项目决策的科学性。地方政府根据当地经济社会发展需要，结合财政收支平衡状况，统筹论证新建项目的经济效益和社会效益，并进行财政承受能力论证，保证决策质量。根据项目实施周期、收费定价机制、投资收益水平、风险分配基本框架和所需要的政府投入等因素，合理选择建设—运营—移交（BOT）、建设—拥有—运营（BOO）等运作方式。

（十五）择优选择项目合作伙伴。对使用财政性资金作为社会资本提供公共服务对价的项目，地方政府应当根据预算法、合同法、政府采购法及其实施条例等法律法规规定，选择项目合作伙伴。依托政府采购信息平台，及时、充分向社会公布项目采购信息。综合评估项目合作伙伴的专业资质、技术能力、管理经验、财务实力和信用状况等因素，依法择优选择诚实守信的合作伙伴。加强项目政府采购环节的监督管理，保证采购过程公平、公正、公开。

（十六）合理确定合作双方的权利与义务。树立平等协商的理念，按照权责对等原则合理分配项目风险，按照激励相容原则科学设计合同条款，明确项目的产出说明和绩效要求、收益回报机制、退出安排、应急和临时接管预案等关键环节，实现责权利对等。引入价格和补贴动态调整机制，充分考虑社会资本获得合理收益。如单方面构成违约的，违约方应当给予对方相应赔偿。建立投资、补贴与价格的协同机制，为社会资本获得合理回报创造条件。

（十七）增强责任意识和履约能力。社会资本要将自身经济利益诉求与政府政策目标、社会目标相结合，不断加强管理和创新，提升运营效率，在实现经济价值的同时，履行好企业社会责任，严格按照约定保质保量提供服务，维护公众利益；要积极进行业务转型和升级，从工程承包商、建设施工方向运营商转变，实现跨不同领域、多元化发展；要不断提升运营实力和管理经验，增强提供公共服务的能力。咨询、法律、会计等中介机构要提供质优价廉的服务，促进项目增效升级。

（十八）保障公共服务持续有效。按照合同约定，对项目建设情况和公共服务质量进行验收，逾期未完成或不符合标准的，社会资本要限期完工或整改，并采取补救措施或赔偿损失。健全合同争议解决机制，依法积极协调解决争议。确需变更合同内容、延长合同期限以及变更社会资本方的，由政府和社会资本方协商解决，但应当保持公共服务的持续性和稳定性。项目资产移交时，要对移交资产进行性能测试、资产评估和登记入账，并按照国家统一的会计制度进行核算，在政府财务报告中进行反映和管理。

五、政策保障

（十九）简化项目审核流程。进一步减少审批环节，建立项目实施方案联评联审机制，提高审查工作效率。项目合同签署后，可并行办理必要的审批手续，有关部门要简化办理手续，优化办理程序，主动加强服务，对实施方案中已经明确的内容不再作实质性审查。

（二十）多种方式保障项目用地。实行多样化土地供应，保障项目建设用地。对符合划拨用地目录的项目，可按划拨方式供地，划拨土地不得改变土地用途。建成的项目经依法批准可以抵押，土地使用权性质不变，待合同经营期满后，连同公共设施一并移交政府；实现抵押权后改变项目性质应该以有偿方式取得土地使用权的，应依法办理土地有偿使用手续。不符合划拨用地目录的项目，以租赁方式取得土地使用权的，租金收入参照土地出让收入纳入政府性基金预算管理。以作价出资或者入股方式取得土地使用权的，应当以市、县人民政府作为出资人，制定作价出资或者入股方案，经市、县人民政府批准后实施。

（二十一）完善财税支持政策。积极探索财政资金撬动社会资金和金融资本参与政府和社会资本合作项目的有效方式。中央财政出资引导设立中国政府和社会资本合作融资支持基金，作为社会资本方参与项目，提高项目融资的可获得性。探索通过以奖代补等措施，引导和鼓励地方融资平台存量项目转型为政府和社会资本合作项目。落实和完善国家支持公共服务事业的税收优惠政策，公共服务项目采取政府和社会资本合作模式的，可按规定享受相关税收优惠政策。鼓励地方政府在承担有限损失的前提下，与具有投资管理经验的金融机构共同发起设立基金，并通过引入结构化设计，吸引更多社会资本参与。

（二十二）做好金融服务。金融机构应创新符合政府和社会资本合作模式特点的金融服务，优化信贷评审方式，积极为政府和社会资本合作项目提供融资支持。鼓励开发性金融机构发挥中长期贷款优势，参与改造政府和社会资本合作项目，引导商业性金融机构拓宽项目融资渠道。鼓励符合条件的项目运营主体在资本市场通过发行公司债券、企业债券、中期票据、定向票据等市场化方式进行融资。鼓励项目公司发行项目收益债券、项目收益票据、资产支持票据等。鼓励社保资金和保险资金按照市场化原则，创新运用债权投资计划、股权投资计划、项目资产支持计划等多种方式参与项目。对符合条件的"走出去"项目，鼓励政策性金融机构给予中长期信贷支持。依托各类产权、股权交易市场，为社会资本提供多元化、规范化、市场化的退出渠道。金融监管部门应加强监督管理，引导金融机构正确识别、计量和控制风险，按照风险可控、商业可持续原则支持政府和社会资本合作项目融资。

六、组织实施

（二十三）加强组织领导。国务院各有关部门要按照职能分工，负责相关领域具体工作，加强对地方推广政府和社会资本合作模式的指导和监督。财政部要会同有关部门，加强政策沟通协调和信息交流，完善体制机制。教育、科技、民政、人力资源社会保障、国土资源、环境保护、住房城乡建设、交通运输、水利、农业、商务、文化、卫生计生等行业主管部门，要结合本行业特点，积极运用政府和社会资本合作模式提供公共服务，探索完善相关监管制度体系。地方各级人民政府要结合已有规划和各地实际，出台具体政策措施并抓好落实；可根据本地区实际情况，建立工作协调机制，推动政府和社会资本合作项目落地实施。

（二十四）加强人才培养。大力培养专业人才，加快形成政府部门、高校、企业、专业咨询机构联合培养人才的机制。鼓励各类市场主体加大人才培训力度，开展业务人员培训，建设一支高素质的专业人才队伍。鼓励有条件的地方政府统筹内部机构改革需要，进一步整合专门力量，承担政府和社会资本合作模式推广职责，提高专业水平和能力。

（二十五）搭建信息平台。地方各级人民政府要切实履行规划指导、识别评估、咨询服务、宣传培训、绩效评价、信息统计、专家库和项目库建设等职责，建立统一信息发布平台，及时向社会公开项目实施情况等相关信息，确保项目实施公开透明、有序推进。

在公共服务领域推广政府和社会资本合作模式，事关人民群众切身利益，是保障和改善民生的一项重要工作。各地区、各部门要充分认识推广政府和社会资本合作模式的重要意义，把思想和行动统一到党中央、国务院的决策部署上来，精心组织实施，加强协调配合，形成工作合力，切实履行职责，共同抓好落实。财政部要强化统筹协调，会同有关部门对本意见落实情况进行督促检查和跟踪分析，重大事项及时向国务院报告。

附录 7

关于推广运用政府和社会资本合作模式有关问题的通知

财金〔2014〕76 号

各省、自治区、直辖市、计划单列市财政厅（局），新疆生产建设兵团财务局：

为贯彻落实党的十八届三中全会关于"允许社会资本通过特许经营等方式参与城市基础设施投资和运营"精神，拓宽城镇化建设融资渠道，促进政府职能加快转变，完善财政投入及管理方式，尽快形成有利于促进政府和社会资本合作模式（Public—PrivatePartnership，PPP）发展的制度体系，现就有关问题通知如下：

一、充分认识推广运用政府和社会资本合作模式的重要意义

政府和社会资本合作模式是在基础设施及公共服务领域建立的一种长期合作关系。通常模式是由社会资本承担设计、建设、运营、维护基础设施的大部分工作，并通过"使用者付费"及必要的"政府付费"获得合理投资回报；政府部门负责基础设施及公共服务价格和质量监管，以保证公共利益最大化。当前，我国正在实施新型城镇化发展战略。城镇化是现代化的要求，也是稳增长、促改革、调结构、惠民生的重要抓手。立足国内实践，借鉴国际成功经验，推广运用政府和社会资本合作模式，是国家确定的重大经济改革任务，对于加快新型城镇化建设、提升国家治理能力、构建现代财政制度具有重要意义。

（一）推广运用政府和社会资本合作模式，是促进经济转型升级、支持新型城镇化建设的必然要求。政府通过政府和社会资本合作模式向社会资本开放基础设施和公共服务项目，可以拓宽城镇化建设融资渠道，形成多元化、可持续的资金投入机制，有利于整合社会资源，盘活社会存量资本，激发民间投资活力，拓展企业发展空间，提升经济增长动力，促进经济结构调整和转型升级。

（二）推广运用政府和社会资本合作模式，是加快转变政府职能、提升国家治理能力的一次体制机制变革。规范的政府和社会资本合作模式能够将政府的发展规划、市场监管、公共服务职能，与社会资本的管理效率、技术创新动力有机结合，减少政府对微观事务的过度参与，提高公共服务的效率与质量。政府和社会资本合作模式要求平等参与、公开透明，政府和社会资本按照合同办事，有利于简政放权，更好地实现政府职能转变，弘扬契约文化，体现现代国家治理理念。

（三）推广运用政府和社会资本合作模式，是深化财税体制改革、构建现代财政制度的重要内容。根据财税体制改革要求，现代财政制度的重要内容之一是建立跨年度预算平衡机制、实行中期财政规划管理、编制完整体现政府资产负债状况的综合财务报告等。政府和社会资本合作模式的实质是政府购买服务，要求从以往单一年度的预算收支管理，逐步转向强化中长期财政规划，这与深化财税体制改革的方向和目标高度一致。

二、积极稳妥做好项目示范工作

当前推广运用政府和社会资本合作模式，首先要做好制度设计和政策安排，明确适用于政府和社会资本合作模式的项目类型、采购程序、融资管理、项目监管、绩效评价等事宜。

（一）开展项目示范。地方各级财政部门要向本级政府和相关行业主管部门大力宣传政府和社会资本合作模式的理念和方法，按照政府主导、社会参与、市场运作、平等协商、风险分担、互利共赢的原则，科学评估公共服务需求，探索运用规范的政府和社会资本合作模式新建或改造一批基础设施项目。财政部将统筹考虑项目成熟度、可示范程度等因素，在全国范围内选择一批以"使用者付费"为基础的项目进行示范，在实践的基础上不断总结、提炼、完善制度体系。

（二）确定示范项目范围。适宜采用政府和社会资本合作模式的项目，具有价格调整机制相对灵活、市场化程度相对较高、投资规模相对较大、需求长期稳定等特点。各级财政部门要重点关注城市基础设施及公共服务领域，如城市供水、供暖、供气、污水和垃圾处理、保障性安居工程、地下综合管廊、轨道交通、医疗和养老服务设施等，优先选择收费定价机制透明、有稳定现金流的项目。

（三）加强示范项目指导。财政部将通过建立政府和社会资本合作项目库为地方提供参考案例。对政府和社会资本合作示范项目，财政部将在项目论证、交易结构设计、采购和选择合作伙伴、融资安排、合同管理、运营监管、绩效评价等工作环节，为地方财政部门提供全方位的业务指导和技术支撑。

（四）完善项目支持政策。财政部将积极研究利用现有专项转移支付资金渠道，对示范项目提供资本投入支持。同时，积极引入信誉好、有实力的运营商参与示范项目建设和运营。鼓励和支持金融机构为示范项目提供融资、保险等金融服务。地方各级财政部门可以结合自身财力状况，因地制宜地给予示范项目前期费用补贴、资本补助等多种形式的资金支持。在与社会资本协商确定项目财政支出责任时，地方各级财政部门要对各种形式的资金支持给予统筹，综合考虑项目风险等因素，合理确定资金支持方式和力度，切实考虑社会资本合理收益。

三、切实有效履行财政管理职能

政府和社会资本合作项目从明确投入方式、选择合作伙伴、确定运营补贴到提供公共服务，涉及预算管理、政府采购、政府性债务管理，以及财政支出绩效评价等财政职能。推广运用政府和社会资本合作模式对财政管理提出了更高要求。地方各级财政部门要提高认识，勇于担当，认真做好相关财政管理工作。

（一）着力提高财政管理能力。政府和社会资本合作项目建设周期长、涉及领域广、复杂程度高，不同行业的技术标准和管理要求差异大，专业性强。地方各级财政部门要根据财税体制改革总体方案要求，按照公开、公平、公正的原则，探索项目采购、预算管理、收费定价调整机制、绩效评价等有效管理方式，规范项目运作，实现中长期可持续发展，提升资金使用效益和公共服务水平。同时，注重体制机制创新，充分发挥市场在资源配置中的决定性作用，按照"风险由最适宜的一方来承担"的原则，合理分配项目风险，项目设计、建设、财务、运营维护等商业风险原则上由社会资本承担，政策、法律和最低需求风险等由政府承担。

（二）认真做好项目评估论证。地方各级财政部门要会同行业主管部门，根据有关政策法规要求，扎实做好项目前期论证工作。除传统的项目评估论证外，还要积极借鉴物有所值（Value for Money，VFM）评价理念和方法，对拟采用政府和社会资本合作模式的项目进行筛选，必要时可委托专业机构进行项目评估论证。评估论证时，要与传统政府采购模式进行比较分析，确保从项目全生命周期看，采用政府和社会资本合作模式后能够提高服务质量和运营效率，或者降低项目成本。项目评估时，要综合考虑公共服务需要、责任风险分担、产出标准、关键绩效指标、支付方式、融资方案和所需要的财政补贴等要素，平衡好项目财务效益和社会效益，确保实现激励相容。

（三）规范选择项目合作伙伴。地方各级财政部门要依托政府采购信息平台，加强政府和社会资本合作项目政府采购环节的规范与监督管理。财政部将围绕实现"物有所值"价值目标，探索创新适合政府和社会资本合作项目采购的政府采购方式。地方各级财政部门要会同行业主管部门，按照《政府采购法》及有关规定，依法选择项目合作伙伴。要综合评估项目合作伙伴的专业资质、技术能力、管理经验和财务实力等因素，择优选择诚实守信、安全可靠的合作伙伴，并按照平等协商原则明确政府和项目公司间的权利与义务。可邀请有意愿的金融机构及早进入项目磋商进程。

（四）细化完善项目合同文本。地方各级财政部门要会同行业主管部门协商订立合同，重点关注项目的功能和绩效要求、付款和调整机制、争议解决程序、退出安排等关键环节，积极探索明确合同条款内容。财政部将在结合国际经验、国内实践的基础上，制定政府和社会资本合作模式操作指南和标准化的政府和社会资本合作模式项目合同文本。在订立具体合同时，地方各级财政部门要会同行业主管部门、专业技术机构，因地制宜地研究完善合同条款，确保合同内容全面、规范、有效。

（五）完善项目财政补贴管理。对项目收入不能覆盖成本和收益，但社会效益较好的政府和社会资本合作项目，地方各级财政部门可给予适当补贴。财政补贴要以项目运营绩效评价结果为依据，综合考虑产品或服务价格、建造成本、运营费用、实际收益率、财政中长期承受能力等因素合理确定。地方各级财政部门要从"补建设"向"补运营"逐步转变，探索建立动态补贴机制，将财政补贴等支出分类纳入同级政府预算，并在中长期财政规划中予以统筹考虑。

（六）健全债务风险管理机制。地方各级财政部门要根据中长期财政规划和项目全生命周期内的财政支出，对政府付费或提供财政补贴等支持的项目进行财政承受能力论证。在明确项目收益与风险分担机制时，要综合考虑政府风险转移意向、支付方式和市场风险管理能力等要素，量力而行，减少政府不必要的财政负担。省级财政部门要建立统一的项目名录管理制度和财政补贴支出统计监测制度，按照政府性债务管理要求，指导下级财政部门合理确定补贴金额，依法严格控制政府或有债务，重点做好融资平台公司项目向政府和社会资本合作项目转型的风险控制工作，切实防范和控制财政风险。

（七）稳步开展项目绩效评价。省级财政部门要督促行业主管部门，加强对项目公共产品或服务质量和价格的监管，建立政府、服务使用者共同参与的综合性评价体系，对项目的绩效目标实现程度、运营管理、资金使用、公共服务质量、公众满意度等进行绩效评价。绩效评价结果应依法对外公开，接受社会监督。同时，要根据评价结果，依据合同约定对价格或补贴等进行调整，激励社会资本通过管理创新、技术创新提高公共服务质量。

四、加强组织和能力建设

（一）推动设立专门机构。省级财政部门要结合部门内部职能调整，积极研究设立专门机构，履行政府和社会资本合作政策制订、项目储备、业务指导、项目评估、信息管理、宣传培训等职责，强化组织保障。

（二）持续开展能力建设。地方各级财政部门要着力加强政府和社会资本合作模式，实施能力建设，注重培育专业人才。同时，大力宣传培训政府和社会资本合作的工作理念和方法，增进政府、社会和市场主体共识，形成良好的社会氛围。

（三）强化工作组织领导。地方各级财政部门要进一步明确职责分工和工作目标要求。同时，要与有关部门建立高效、顺畅的工作协调机制，形成工作合力，确保顺利实施。对工作中出现的新情况、新问题，应及时报告财政部。

财政部

2014 年 9 月 23 日

附录8

关于进一步做好政府和社会资本合作项目示范工作的通知

财金〔2015〕57号

各省、自治区、直辖市、计划单列市财政厅（局），新疆生产建设兵团财务局：

为贯彻落实《国务院办公厅转发财政部发展改革委人民银行关于在公共服务领域推广政府和社会资本合作模式指导意见的通知》（国办发〔2015〕42号）精神，加快推进政府和社会资本合作（PPP）项目示范工作，尽早形成一批可复制、可推广的实施范例，助推更多项目落地实施，现通知如下：

一、加快推进首批示范项目实施

（一）高度重视PPP项目示范工作。项目示范是财政部门规范推广PPP模式的重要抓手。各级财政部门要切实加强示范项目的组织领导，配备必要的业务骨干人员，保证各项工作有序推进。示范项目所在地财政部门要加强协调，督促项目实施单位加快推进项目实施，跟踪进展情况，对项目实施过程中的难点和问题，要积极协调解决，重大情况及时向上级财政部门报告。

（二）确保示范项目实施质量。要严格执行国务院和财政部等部门出台的一系列制度文件，科学编制实施方案，合理选择运作方式，认真做好评估论证，择优选择社会资本，加强项目实施监管。项目采购要严格执行《政府采购法》、《政府和社会资本合作项目政府采购管理办法》（财库〔2014〕215号）等规定，充分引入竞争机制，保证项目实施质量。要发挥政府集中采购降低成本的优势，确定合理的收费标准，通过政府采购平台选择一批能力较强的专业中介机构，为示范项目实施提供技术支持。严禁通过保底承诺、回购安排、明股实债等方式进行变相融资，将项目包装成PPP项目。

（三）切实履行财政监督管理职责。示范项目所在地财政部门要认真做好示范项目物有所值定性分析和财政承受能力论证，有效控制政府支付责任，合理确定财政补助金额，每一年度全部PPP项目需要从预算中安排的支出责任占一般公共预算支出比例应当不超过 10%。省级财政部门要统计监测所有 PPP 项目的政府支付责任并报财政部备案，加强示范项目管理，督促下级财政部门严格履行合同约定，保护社会资本的合法权益，切实维护政府信用。

（四）及时上报示范项目实施信息。对于示范项目的实施方案、合作伙伴选择、物有所值评估、财政承受能力论证等，项目所在地财政部门要将有关情况报送省级财政部门备案，并通过财政部 PPP 综合信息平台及时填报相关信息。在示范项目建设和运营阶段，财政部将不定期组织对示范项目实施情况进行督导，督促项目实施单位依法充分披露相关信息。

二、组织上报第二批备选示范项目

（五）在公共服务领域广泛征集适宜采用 PPP 模式的项目。根据《国务院办公厅转发财政部发展改革委　人民银行关于在公共服务领域推广政府和社会资本合作模式指导意见的通知》（国办发〔2015〕42 号），地方各级财政部门要在能源、交通运输、水利、环境保护、农业、林业、科技、保障性安居工程、医疗、卫生、养老、教育、文化等公共服务领域，筛选征集适宜采用 PPP 模式的项目，加快建立项目库。

（六）确保上报备选示范项目具备相应基本条件。项目要纳入城市总体规划和各类专项规划，新建项目应已按规定程序做好立项、可行性论证等项目前期工作。项目所在行业已印发开展 PPP 模式相关规定的，要同时满足相关规定。政府和社会资本合作期限原则上不低于 10 年。对采用建设—移交（BT）方式的项目，通过保底承诺、回购安排等方式进行变相融资的项目，财政部将不予受理。

（七）优先支持融资平台公司存量项目转型为 PPP 项目。重点推进符合条件的融资平台公司存量项目，通过转让—运营—移交（TOT）、改建—运营—移交（ROT）等方式转型为 PPP 项目。存量项目债务应纳入地方政府性债务管理系统，或 2013 年全国政府性债务审计范围。对合同变更成本高，融资结构调整成本高，原债权人不同意转换，不能化解政府性债务风险、降低债务成本和实现"物有所值"的项目，财政部将不予受理。

（八）认真组织备选示范项目筛选上报。请各省、自治区、直辖市、计划单列市财政厅（局）按照上述要求，严格筛选上报适宜采用 PPP 模式的第二批备选示范项目，将项目采用 PPP 模式的初步方案（附件 1）、以及 PPP 示范项目申报表（附件2）和基本信息表（附件3），于2015年7月15日前书面（含电子版，下载网址：http://jrs.mof.gov.cn/ppp/）报送财政部（金融司，联系人张帆，010—68551078；PPP中心，联系人刘宝军，010—88659335）。申请第二批示范项目时，项目所在地政府或政府授权实施机构应当提交项目规范实施承诺书，承诺在项目实施各操作环节中，将严格执行财政部一系列制度规范，尽快完成项目实施，并保证项目实施质量。

三、构建激励相容的政策保障机制

（九）建立"能进能出"的项目示范机制。对已列入示范项目名单的项目，如项目交易结构发生重大变化不能采用PPP模式，或一年后仍未能进入采购阶段的，将被调出示范项目名单。示范项目建设完成后，财政部将组织专家对前期实施情况进行验收，重点审查示范项目是否符合PPP模式的必备特征。符合PPP模式特征的，将作为实施范例进行推广。不符合PPP模式特征的，财政部将督促实施单位进行整改，或不再作为示范项目推广。

（十）加强业务指导和技术支持。财政部将建立PPP综合信息平台，加快推进专家库和项目库建设，抓紧出台PPP项目财政管理办法、物有所值操作指引等配套实施细则，为PPP项目示范工作提供必要的业务指导和技术支持。在示范项目实施全过程中，财政部相关司局及PPP中心将进行跟踪指导，推动示范项目顺利实施。

（十一）完善示范项目扶持政策体系。鼓励符合条件的示范项目用好用足现行各项扶持政策，按规定申请城镇保障性安居工程贷款贴息、中央财政支持海绵城市建设试点和地下综合管廊试点政策中对PPP倾斜支持奖励政策等政策支持。中央财政加快推动设立PPP基金，研究出台"以奖代补"措施，符合条件的示范项目将优先获得支持。

财政部

2015年6月25日

附件 1

项目采用 PPP 模式的初步方案

一、项目基本情况

包括但不限于项目名称、类型（在建或建成）、地点、联系人；项目建设的必要性、前期工作合规性（可研、环评、土地等）、技术路线、所处阶段（申报、设计、融资、采购、施工、运行）、开工和计划完成时间；总投资及资本构成、资产负债、股权结构、融资结构及主要融资成本、收益情况（总收益、收入来源、收费价格和定价机制）；政府现有支持安排、社会资本介入情况（如有）；纠纷情况（如有）等。

二、可行性分析

包括但不限于对本通知要求满足情况的分析、行业主管部门和融资平台意愿、项目对社会资本的吸引力分析、债权人转换配合意愿及担保解除可能性等。

项目采用 PPP 模式要进行"物有所值"定性分析，重点关注 PPP 与政府传统采购模式相比能否增加供给，优化风险分担，降低项目全生命周期成本，提高运营效率，促进创新和竞争。

三、初步实施安排

包括但不限于政府和社会资本的权利义务、风险分担、PPP 运作方式、投融资结构、政府配套安排、合同期限、收益回报方式、收费定价调整机制、财政可承受能力评估、合作伙伴选择方式、项目公司（SPV）设立情况等。

四、财务测算

包括但不限于投资回报测算、现金流量分析、项目财务状况、项目存续期间政府补贴情况等。

参考文献

[1] 贾康,孙洁.公私合作伙伴关系：理论与实践[M].北京：经济科学出版社,2014.

[2] 贾康,孙洁.公私伙伴关系（PPP）的概念、起源、特征与功能[J].财政研究：2009（10）.

[3] 贾康,冯俏彬.从替代走向合作：论公共产品提供中政府、市场、志愿部门之间的新型关系[J].财贸经济：2012（8）.

[4] 贾康,孙洁,陈新平,程瑜.PPP机制创新：呼唤法制化契约制度建设——泉州刺桐大桥BOT项目调研报告[J].经济研究参考：2014（13）.

[5] 贾康,苏京春."混合所有制"辨析[J].财政部财政科学研究所《研究报告》：2014-8-27.

[6] 贾康.发挥PPP模式在改革创新中的正面效应[N].中国证券报：2014-5-5.

[7] 贾康.公私合作伙伴关系与混合所有制创新[N].上海证券报：2014-7-16.

[8] 谢煊,孙洁,刘英志.英国开展公私合作项目建设的经验及借鉴[J].中国财政：2014（1）.

[9] 欧文·E.休斯.公共管理导论（第三版）[M].北京：中国人民大学出版社,2007.

[10] 王义.西方新公共管理概论[M].青岛：中国海洋大学出版社,2006.

[11] 彭未名等.新公共管理[M].广州：华南理工大学出版社,2007.

[12] 王定云,王世雄.西方国家新公共管理理论综述与实务分析[M].上海：上海三联书店,2008.

[13] 卢梭.社会契约论[M].北京：北京出版社,2012.

[14] David Hall, Robin de la Motte, Steve Davis. Terminology of Public—Private Partnerships [J]. Public Services International Research Unit (PSIRU) paper, 2003.

[15] PPP—For Sustainable Development [J]. United Nations Institute for Training and Research.2000.

[16] Guidance For Successful PPP [J]. The European Commission. 2003.

[17] John R. Allan. PPP:A Review of Literature and Practice [J]. Saskatchewan Institute of Public Policy Public Policy Paper, No.4. 1999.

[18] The National Council For PPP, USA [R]. For the Good of the People: Using PPP To Meet America's Essential Needs. 2002.

[19] Selecting an Option for Private Sector Participation [J]. The World Bank.1997.

[20] 王灏. 城市轨道交通首届中青年专家论坛文集 [M].北京：兵器工业出版社，2002.

[21] 王灏. 加快 PPP 模式的研究与应用 推动轨道交通市场化进程 [J]. 宏观经济研究，2004，(1)：47—49.

[22] 王灏. 城市轨道市场化投融资方式变革 [J]. 中国投资.2004，(1)：111—114.